Walking and Painting in Ancient Villages Go into Fenghua

行画古村落

走进奉化

“边走边画”系列丛书

主编 夏克梁

-

图 夏克梁 向俊 张书山 等

文 毛朝晖 赵晨旭 夏克梁 等

东南大学出版社

图书在版编目（CIP）数据

行画古村落 . 走进奉化 / 夏克梁主编 . -- 南京：东南大学出版社，2021.10

ISBN 978-7-5641-9723-0

Ⅰ . ①行 … Ⅱ . ①夏 … Ⅲ . ①村落 - 介绍 - 奉化
Ⅳ . ①K928.5

中国版本图书馆 CIP 数据核字（2021）第 208513 号

书名：行画古村落——走进奉化

Xinghua Gucunluo——Zoujin Fenghua

-

主编：夏克梁

书籍设计：李嘉兴

出版发行：东南大学出版社

社址：南京市四牌楼 2 号

网址：http://www.seupress.com

经销：各地新华书店

印刷：杭州捷派印务有限公司

-

开本：787mm×1092mm 1/16

印张：21

字数：512 千字

版次：2021 年 10 月第 1 版

印次：2021 年 10 月第 1 次印刷

书号：ISBN 978-7-5641-9723-0

定价：160.00 元

-

本社图书若有印装质量问题，请直接与营销部联系。

电话（传真）：025-83791830

前言

古村落是在人类发展演变中形成的，它不仅是一种建筑和生活的记忆，更是维系民族情感的纽带和传承民族文化的重要载体。古村落集建筑、文化、习俗等于一体，对传承我国农耕文化和乡村文明起到了重要作用。不同民族或同一民族在不同区域的自然环境中长期生活，形成了各种不同的村落形态，有着自身独具特色的传统文化。古村落除了那些遗存至今的民居建筑之外，还有世代传承、沿袭着的文化习俗和生活技艺，它们共同创造出珍贵的本土多元文化资源，是宝贵的非物质文化遗产。

小桥流水、粉墙黛瓦、烟雨朦胧、山清水秀……是很多人记忆中或心目中的家乡，但随着新型城镇化快速发展的影响，传统古村落正面临着被破坏甚至消亡的困境。传统技艺、民间舞蹈、生活习俗……则是很多人儿时最美好的记忆，是挥之不去的一种生活影像。在新技术新设施不断更新与发展的时代，传统手工艺和传统活动逐渐被人淡忘、失传，甚至消失，有些非物质文化遗产也呈衰败态势，面临着消失的危险。古村落逐渐消失，原始特色风貌渐渐淡化，乡土古民居建筑所蕴含的地域文化、地方传统习俗等也将慢慢地缺失，这种“家乡”和儿时最美好的“记忆”随之离我们越来越远，终将变成“回不去的故乡”，以致失去了乡愁。

古村落的保护和发展尽管已逐渐受到政府和各界的重视，但其抢救和保护的进度依旧赶不上消失的速度。“边走边画”团队以艺术人及设计师的视角记录当前古村落的生存、发展与保护的现状。我们在与时间赛跑，想用画笔留住更多的古村落和老房子，我们在注重绘画技巧的同时，更加关注古村落及历史资源的活化利用、非物质文化遗产的保护和传承等。我们也希望在后续的古村落保护中能够提出建设性的意见，用古村落特有的文化保留乡土气息，让大家能找回乡土的情感归宿。

“边走边画”至今已走过了六年，每一年举办一次写生活动，2017 年开始将活动范围从全国缩小到一个省的范围。2020 年“边走边画”走进奉化，这是继松阳、文成、嵊州之后的浙江境内第四站。奉化有着悠久的历史，深厚的文化积淀，传统古村落形态多样，历史上人才辈出。

“边走边画”系列丛书之《行画古村落——走进奉化》是以绘画、照片结合文字描述的形式对奉化现有的古村落进行梳理，其目的在于拓宽奉化的受众面，让更多人知晓奉化、了解奉化、喜欢奉化。在本书编写的过程中，首先要感谢奉化区委宣传部、文联等单位的极大支持，他们组织当地的摄影家对部分古村落进行拍摄，为我们提供了宝贵的图片资料，同时要特别感谢“写意岩头”写生基地的毛朝晖老师，他为本书撰写了大量的文字并提供了大量的照片，才使得本书能够顺利地进行编辑和出版。在此也要感谢“边走边画”整个团队新老成员积极配合、共同努力，集中时间精心绘制了数百件作品，为本书的插图质量提供了有力的保障，也使得本书的内容更加丰富多彩。

夏克梁

2021 年 2 月

本书为“边走边画”行画古村落系列丛书 之四

本书顾问：鲍尧君

目录

奉化民居
周锦绣

ZhouJinxiu
2021.3.17.

奉化山明水秀、人文荟萃，是弥勒圣地、蒋氏故里。早在五六千年前，奉化所在区域就创建了茗山后文化；距今4200年前后，以白杜为中心建立了名震中原的堇子国，在相当一段时期内是宁波区域政治、经济和文化中心。

奉化
概况

01

1 | 2

武岭 _1
摄影 夏克梁

奉化芋艿头 _2
向俊

01.1 地名由来

关于奉化名称由来，有三种说法。一说，此地在唐代属于明州，郡名为奉化，以郡名为县名；一说，以『民皆乐于奉承土化』而得名；一说，来源于县东奉化山。

奉化区隶属于宁波市，地处长三角南翼、东海之滨。东濒象山港，与象山县隔港相望，南连宁海县，西接新昌县、嵊州市和余姚市，北交海曙区、鄞州区。陆域面积 1277 平方千米，海域面积 91 平方千米，海岸线长 63 千米，地貌构成大体为“六山一水三分田”。

西部处天台山脉与四明山脉交接地带，多高山峻岭，黄泥浆岗海拔 976 米，为境内最高峰。东北部地势平坦、河网纵横、土地肥沃，属宁奉平原，是水稻和经济作物重要种植区。沿象山港尚有小块狭长低平地带。河流属山溪型，剡江、县江和东江俱源于西南山区，循山而下，流归东北部，至方桥镇同入奉化江，为潮汐所吞纳。东南部 10 余条小溪流注入象山港。

01.2 地理环境

1 2

奉化境内不同形态的传统民居 _1
向俊

传统院落 _2
摄影 夏克梁

这里有以鼓、小锣或竹板伴奏，流行于奉化、北仑、镇海、鄞州、象山一带的“唱新闻”；有盛行于明代中叶并传承至今的“奉化吹打”；有诞生于清同（治）光（绪）年间，盛行于宁、舟、台地区的“宁波走书”；更有国家级非物质文化遗产项目“布袋和尚传说”“奉化布龙”和“红帮裁缝技艺”。

01.3 文化传承

1 | 2 3 4

除了吹打、走书及红帮裁缝技艺等之外，传统红木家具等也极具特色，图为雕刻精美的千工轿 _1
王锟

王钫故居门楼 _3
摄影 毛朝晖

奉化的美食离不开芋艿头 _2
向俊

奉化历史上曾经走出很多著名的人物 _4
向俊

01.4 传统美食

传统美食有肉质鲜嫩、味道独特的红壳雷笋；有粒大肥壮、细嫩鲜美，以无“含口泥”而著称，曾为唐时贡品的奉蚶；有号称“天下第一饼”的奉化溪口千层饼；有芋艿头、水蜜桃、曲毫……

01.5 著名人物

宋代有以“梅妻鹤子”著称的林和靖；元代有“江南夫子”、诗坛名家戴表元；近现代有历史名人蒋介石、蒋经国，外交暨体育名人王正廷，文人大使王任叔（巴人），红帮裁缝鼻祖王才运等；同时涌现了早期浙江省委书记卓兰芳及卓恺泽、王鲲等一批杰出革命人物；网易创始人丁磊也是奉化人。

01.6 风景名胜

1 2 3

溪口是全国著名的旅游景点 _1
张书山

溪口乐亭前面的石狮子 _2
梁坤

奉化芋艿头闻名全国 _3
向俊

奉化融山水风光、人文景观、海港胜景、佛教文化于一体。象山港，港湾幽静、碧海蓝天；蒋氏故里，湖、溪、泉、瀑、山俱备；徐凫岩飞瀑，号称“浙东第一瀑布”；铜制露天弥勒大佛，总高 50 余米，为全国之最；“兼有天台山之雄伟，雁荡山之奇秀，天目山之苍润”的雪窦山，著名的千丈岩、徐凫岩和三隐潭瀑布镶嵌其中。

01.7 荣誉称号

奉化是国家卫生城市，中国优秀旅游城市，全国综合实力百强区，中国水蜜桃之乡，中国芋艿头之乡……

常照村位于奉化县溪西岸，离奉化城区仅三四十分钟车程，古称『常诏』。常照村汪姓为大姓，据传唐末汪氏先祖为避乱世，自徽州迁来定居。

奉化古村落现状

02

1 2

奉化古村落 _1
摄影 夏克梁

奉化土特产 _2
向俊

02.1 常照村

南宋绍兴三年（1133）宋高宗赵构御书“江南第一村”颁赐该村，村便称为“常诏”。现常照村辖常照、后山2个自然村。有村民202户，541人，耕地面积440亩，山林面积3259亩。为省特色旅游村，宁波市全面小康示范村、文明村、卫生村、生态村。

常照村一边是溪流，一边是青山，依山沿溪而行，如行走在画屏前。村口有一座美丽的五洞石拱桥『福星桥』。此桥如长虹卧波，浑厚苍劲，为『甬上十佳名桥』之一。桥名『福星』与村名『常照』语义相关，彼此暗合。村内古树成群，千年红豆杉挺秀其间。古桥悠悠，嘉木亭亭，真乃『福星常照』之地。除清代光绪年间重修的英济庙外，还有汪氏、江氏两座保存完整的宗祠，清末民初的旧居也遗存较丰。

1 2

县溪上游 _1
摄影 杨建华

建于清代光绪年间的五洞石拱桥——福星桥 _2
张书山

福星桥建于清代光绪年间，它屹立在常照村旁的县溪上，有一百二十多年了，为宁波市十大名桥之一。这座福星桥也是常照村的标记和符号。桥头建有一亭，内立一石碑，详细记载着造桥经过。据《福星桥碑》记载，此桥始建于清光绪十七年（1891），完工于光绪二十四年（1898），历时七载方成，足见当年建桥的不易。建造福星桥缘起僧人净修，净修在普陀山出家，忽一夜梦见观音大士召见，命他去奉化连山造桥，『此事若成，功德无量』。净修僧不辞辛劳，跋山涉水来到奉化连山常照地界，见此段竹溪（此段县溪古称）地形果如菩萨梦境所示。

1 | 2

县溪上的福星桥 _1
摄影 杨建华

建造中的福星桥 _2
张书山

要造桥首先得解决款项，出家人净修身无分文，乃与连山各村乡绅商议，张贴布告，动员富户和过往商贾捐款。一时“有钱出钱，有力出力”成了乡民的共识，大家决意边筹款边施工。桥梁开工后众人热情似火，工匠们先用从畈坑、山门等地采凿的优质石条在溪中砌成坚固的桥墩，然后将就近砍伐的松木做成的巨大的、半圆筒形的框架支撑在桥墩之间，再在框架上镶砌石条。这道造拱的工序极为关键，石条貌似方形，实则下窄上宽，底面略成弧形，只有镶砌得缜密无缝，桥面才能经得起重物的碾压而岿然不动。为赶工期，众人得格外卖力，有时甚至挑灯夜战。净修更是很少休息，又是指挥施工，又是计算收支，有时想起施工的某个细节就会点上松明火把去工地查看，惟恐留下隐患。7年过去，一座伟岸壮观的有5个桥洞的石拱桥终于建成，乡民称之为“五洞桥”。它长约 100 米，桥面宽 6 米多。4 个桥墩的迎水面成楔形，以减少阻力。桥身迎水面镌刻“安澜永庆”，背水面镌刻“砥柱常新”的大字。桥面中轴线上等距离镶嵌着5块浮雕，自东至西依次为竹菊、鹿、荷、鹤、梅兰。桥面护栏用石板拼接，每个墩柱顶端雕有狮子、白象、荷花等吉祥如意之物，神态各异，惟妙惟肖，可与京城卢沟桥的护栏媲美。

石桥 奉化
ZHANGSHUSHAN

1898 年夏季的一天，人们正准备拆除脚手架，以迎新桥落成庆典，不料当夜下起瓢泼大雨，滚滚洪峰不期而至！天亮后人们惊喜地发现，脚手架被冲得一干二净，而桥身毫发无损！净修朝东合掌默念：“阿弥陀佛，此乃菩萨助我也。”庆典那天人山人海，来自县衙的官宦和十里八乡的山民无不对福星桥啧啧称奇，打心底佩服净修和尚的非凡智慧。随之福星桥声誉鹊起，很快传遍浙东大地，不久净修也辞别众人重返普陀山去了。福星桥既成，常诏村也改名“常照”，意为“福星常照”。世事沧桑，100 多年来福星桥给山乡交通带来了极大的便利，直至 1975 年公路通达后才逐渐失去它的交通功能。福星桥历经了无数次自然灾害和人为的磨难，至今风姿不减，神韵犹存。1921 年的罕见洪水，1956 年的特大台风，上游屋倒桥垮，福星桥在洪峰、泥石流、溪水中树竹的撞击下安然无恙。只是在 20 世纪 60 年代“文革”期间，桥墩的狮、象、荷浮雕作为“四旧”被砸烂不少，成了永久的遗憾。在感慨中我们用手机摄影和画笔记录下古桥的全貌和局部细节。

1 2 | 3

福星桥护栏墩柱上的雕刻 _1
梁坤

福星桥桥面上镶嵌着荷莲、松鹤、梅兰、竹菊的浮雕，也是当地村民对福星桥造福于民的美好愿望 _2
江涛

常照人家 _3
夏克梁

如今，进入常照村已无需跨过福星桥，可径直从一座气派的牌楼下驱车驶入。牌楼正面刻有『开门见山路转水流桃源福地』『观景回眸稻香畲壮快乐人家』，转过来是『日出常照光照千峰万壑』『身栖连山心连四海五湖』，传神地反映了当地的山水景观、人文志趣。过了牌楼，再过一座新建的跨溪大桥，就进入了村庄。

1 2

新建的牌楼，成了如今村口的新标记 _1
向俊

整洁、东西摆放整齐的常照古民居 _2
胡其梅

常照村给人的第一个感觉就是清爽，村道整洁、绿色遍地，尤其喜人的是那条穿村而过的小溪，清澈见底，要不是天太冷的话，真想下去喝上几口。常照村环境是如此的优美，民风更是淳朴。路遇的村人个个衣着整洁、精神饱满。无论相识与否，他们总是笑容可掬、让道而过，让人生发了些许走亲访友的感觉。田间有许多村民在劳作，田野里种满了大白菜、萝卜、青菜、葱姜之类。村民们自给自足，生活足足有余。

村口不远处，有一个古树群。常照村的古树群是古人栽种的防风林，属于省三级保护群落，由名贵的红豆杉和白玉兰、枫香等古树组成。其中红豆杉是国家一级濒危保护植物，从树中提炼出的紫杉醇，有极高的医用价值。常照村里的红豆杉树干苍老，最大一棵直径达 5.2 米，许多年前被大火烧过，树干露出一个中空的大洞，内可围坐 4 人。所有的磨难，丝毫不影响它的繁茂。它伸向天空的枝叶，紧挨着旁边的寺庙房檐，遮盖了一方天地，让站在树下的我们，只感觉到无比的阴凉和舒适。与红豆杉相邻而立的是古枫树。这株古枫树干粗大，需得两人合抱才行。沿着山坡再向上走，是一株白玉兰，在这个古树群里，它是最年轻的，但也有 400 年的树龄。我们中的不少人还是第一次看到这样的古树群，以前只是见到过单独的一株古树孤零零生长。

1 2 3

村中的古树见证了村落的发展与变迁 _1
王玮璐

常照村保存完好的窗雕 _2
王锟

村中的红豆杉 _3
摄影 毛朝晖

徜徉在常照古村，这里处处是景，再往前行看到的是一座古庙，庙正门顶上的匾额写着『英济庙』三个苍劲有力的大字，虽然没有落款人名字和书写年代，但从字体上可以看出书写此匾额之人绝非等闲之辈。据清同治三年（1864）宗谱记载，唐代末年战火纷飞，徽州汪氏裔孙分迁奉化及浙南，其中第22代汪文吉羡慕此地山深林密，水丰土肥，定居于此，是为常照汪姓第一代。迁入常照的汪氏家谱记载『奉广惠王为本庙庙主，而庙即以英济名焉』，并与当地山皇、土地菩萨、龙王、财神共祀。

1 3
2 4

英济庙 _1
摄影 毛朝晖

画笔下的英济庙，
更显古朴和沧桑 _2
王玮璐

英济庙门前的广场如今仍是村
民聚集的重要场所 _3
王玮璐

广场一角摆放的露天移动炉灶 _4
向俊

英济庙自建后历经重修，最近一次是在2001年。如今，庙宇占地亩余，庙门5开间，2间做偏房，因此檐廊为三开间双卷棚，檐柱、月梁、雀替、撑拱都精雕细刻，施漆敷彩。进入中门，一堂屏风挡住视线，屏风之后就是戏台、左右厢楼和神殿。戏台在明堂中心，6 柱着地。台面宽 4.7 米，深 5.2 米，离地 1.6 米。戏台的屋顶是歇山式小青瓦，仰望戏台顶部四方覆斗，施有漆彩。角科平身八出昂头，台前檐下出头枋与翘角组成花蕊状的斗拱承托翘起的檐角，整体造型精巧古朴。古戏台柱联写道 ：“鉴古证今，假笑啼中真面目；引商刻羽，新声歌里旧衣冠。”以往，每逢正月十五元宵节前后都邀戏班子前来唱戏，先前庙主汪世华秉公执法，扬善惩恶，声名远播。从这个说法可略窥英济庙在当地影响之一斑。

1
2 3

民居中堆放杂乱的各
类物件 _1
夏克梁

后山村的民居 _2
摄影 毛朝晖

村尽头的汪氏宗祠 _3
王玮璐

村后的后山村，是常照下辖的一个小自然村，顾名思义，它因常照村后的一座大山而得名。该村早在二十世纪八九十年代有原住村民 30 多户，计 100 多人。村的尽头建有一座汪氏宗祠，据当地老农说有 200 多年历史了。宗祠四周有几棵多人合抱的枫杨树，树上挂有名木古树牌子，并有树名和树龄详细介绍。

这些古树也都有200多年历史，可以说是与宗祠同龄，也是最好的历史见证物！目前，后山自然村原住村民不到十人，且平均年龄都在七十岁左右。许多房子摇摇欲坠，断墙残瓦在初冬的阳光下诉说往日时光。

02.2 葛竹村

葛竹村位于溪口镇西，北邻余姚，西界嵊州。据《葛竹王氏宗谱》记载，王氏始祖王敬玘，唐天祐年间 (904—907) 任明州刺史，致仕后隐居奉化连山乡万竹（今属大堰镇），其五世孙王爽迁居葛竹，被奉为葛竹始迁祖，至今已绵延 30 余代，已有千年的历史。

葛竹村原属嵊州，民国时划归奉化，旧时也称仙笔乡。葛竹是蒋介石母亲王采玉的出生地，也是蒋介石少年读书之地。王氏宗亲王震南、王世和、王惜寸等曾在国民政府任职，故现在村里有许多台属。

1 2 3

依山傍水的葛竹村 _1
摄影 毛朝晖

葛竹村的公路桥和古树 _2
吴冬

葛竹村的自然风貌 _3
吴冬

王采玉旧居

目前葛竹村很多地方仍保持古色古香的风貌，村里一批清代及民国建筑保存还相当完好 ，如蒋介石外婆家的上三房，坐落在村南，为一典型的多家共住的三合院。天井全用鹅卵石铺就，其照壁施有山水人物彩绘。该院落为重檐硬山顶，五马头山墙，为典型的清中期建筑，其廊柱柱头的浮雕为蝙蝠、花卉等，柱础为如意瓜棱状，反映出院子主人祈求福荫、生活如意的良好意愿。

1 2

上三房（王采玉旧居）_1
摄影 毛朝晖

王震南故居牌楼式的大门 _2
吴冬

从上三房上坡数十米，有一幢全村最显眼的房子，叫明德堂。其东北临村，西南缘山，远看如鹤立鸡群，乡人通称其为“洋房子”。其外观以传统形式为主，青砖粉墙，黛瓦结顶，但受外来文化影响，属于近代改良性建筑。其山墙已不是常见的马头墙或人字墙，而是将观音兜演化为半圆形有肩式，这种形式在民国建筑中较为常见，但在宁波市保存完好又如此规整的仅此一处。宅主王震南（1893—1963）族名良汉，别字子沛，为蒋介石表弟、蒋母王采玉的堂侄。此宅始建于 1936 年, 1949 年王震南去台后，由其内侄单乐山居住管理。此宅依山势而筑，拾级而上为牌楼式大门，门楣匾额上题“山高水长”四字，系王震南手笔。进入大门过月洞门，即为正门，正门为垂花门式，灰白光滑石门槛框，上书额“居仁由义”，落款为“王震南谨书”，笔墨丰厚，字迹雄健。居宅坐西南，朝东北，为三合院式二层楼房，占地1000多平方米，呈品字形分布。正屋三间，重檐硬山顶，通面阔16米，通进深13.25米；左右为厢房，二间一弄，传统形式，通面阔 12 米，通进深 8.9 米；前后为天井。厢房与正屋间有回廊相连，双轩卷棚，龙骨饰顶，气派非凡。其内部结构紧密，木结构的柱、梁、牛腿、雀替等处都是精雕细琢的以三国故事等为题材的工艺木雕，刀法细腻，形象逼真；门扇的裙板部位均以浅浮雕装饰，雕有历史人物故事，以诗配画，内容丰富，花纹图饰，流畅精美；榫卯贴饰也别有风采，都是富贵吉祥的图幅：凤采牡丹、麒麟送子、玉堂富贵、松鼠葡萄等等。卧室内陈列着蒋介石和宅主在溪口、葛竹时的生活照片，因蒋介石曾在此留宿，故宅内还设有“总统房间”和“美龄浴室”。厅堂内设有寿屏一套，雕刻精美，由邵力子撰文，可谓历史珍品。

1 2

葛竹村民居片段 _1
夏克梁

王震南故居外观 _2
向俊

王震南故居内庭院保存完整、
修缮一新
摄影 杨建华

1 2

王氏宗祠内的古戏台 _1
向俊

戏台上的“稻桶顶”，描有八仙等彩绘图案 _2
摄影 毛朝晖

村口北侧的王氏宗祠『溯源堂』也别有风味，溯源堂建于清咸丰元年（1851），面对青山绿水。溯源堂的右前方是一座形如笔架的山峰，当地村民习惯叫其笔架峰，山体秀美。当年蒋介石与宋美龄常对着山峰吟诗作对。溯源堂的正前方是一座岩石裸露的山，半山中有一天然形成的山洞，村民称其为仙人洞。相传，八仙当中的吕洞宾曾隐居此处炼丹修功。溯源堂分前厅、后堂，四厢六廊，中有天井、戏亭。其前厅廊屋卷棚饰顶，后堂金刚柱粗0.44米，结构为穿斗与抬梁相结合，戏台4.6米见方，稻桶顶，上有彩绘，描有八仙及大象等动物图案，角柱有戏曲人物镂空浮雕。堂中存有围屏，上有《溯源堂记》，为蒋介石外公的父亲王毓庆撰写。

武岭学校葛竹分校在王氏宗祠溯源堂的东首，建于1934年，计1900平方米。门楼上原有蒋介石题『武岭分校』四字，『文革』时被毁。校内一座二层教学楼，重檐歇山小青瓦顶，分七开间。其正间为讲台，次间实为楼梯间，其他为教室。廊柱上雕刻有狮子、牡丹等图案。教学楼后为食堂，学校操场、庭院内有高大的白果树和广玉兰等花木，操场前平屋7间，为教师办公和宿舍之用。目前经过修缮已恢复旧貌。

1 3
2 4

武岭学校葛竹分校外观 _1
摄影 毛朝晖

葛竹分校内景 _2
摄影 杨建华

“小景”在画家笔下便成了很多人向往的地方 _3
吴冬

葛竹村小景 _4
摄影 杨建华

葛竹古村处在四明山深处，这里崇山峻岭，尖峰如削，山间茂林修竹，溪流澄澈见底，绕村而过，村周遍植桃、梅，每当春日，果花与山花并发，水声和鸟语共鸣，俨然桃源仙境。据《王氏宗谱》记载，葛竹村周围原有仙洞石枰、古寺虬松、龟峰积雪等十处村景，文人各有吟咏，如后者中有句云：“日出浑疑银泻地，烟消几讶玉成容。斗开梅蕊光添白，明挂松钗翠点浓。”村后高椅山上有 20 余株合抱粗的松树丛立，耸入苍穹。

1 2

民居室内一角 _1
张键

葛竹村民居 _2
张键

村西、四明山脉南延的一列大山，便是王羲之隐居地、卒葬地——嵊州金庭一带。葛竹建村前的唐代，有一条“浙东唐诗之路”东支线，从嵊州金庭翻山进入当今葛竹村一带的西晦溪谷地山道，诗人们行游徐凫岩等雪窦山胜景及四明山腹地诸景之后，在山麓溪口剡溪乘舟东去，顺剡江、奉化江，抵达当时中国四大海外贸易港之一的明州。葛竹通嵊州的千年古道，恰是“浙东唐诗之路”东支线的入口。另外，还有百步介古道，因好久无人行走而废弃不能通行，它从葛竹村开始，路经长亭湾、桐树湾水库、山峰龙潭、跌水岩、潘家坑再回到村中，全长 10 千米。2014 年，村委会为开发旅游业重新开辟这些古道，让这些古道又恢复了生机，成为著名诗路的见证物。岁月沧桑，人生如梦，葛竹古村久远的历史和人文遗迹给人们留下一段史话。作首小诗曰 ：“千年时光如梦中，古道悠悠忆往事。物是人非皆已去，葛竹古村换新颜。”

02.3 驻下村畔

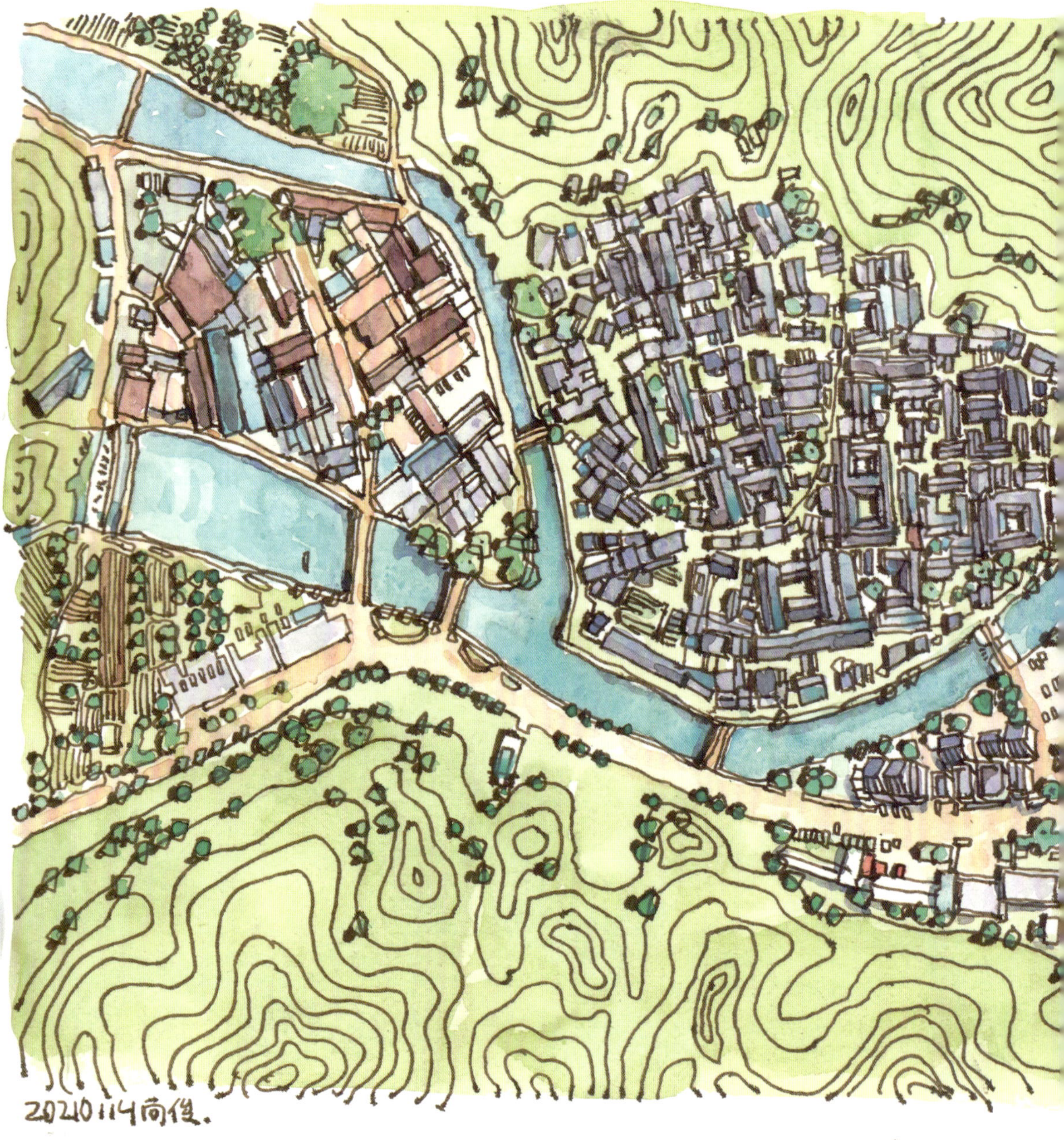

浮躁的心灵生活在纷繁的俗世，我们更加向往去隐世之地歇歇脚，找到自己的一方心仪。如果问我溪口周边哪里好玩，我不会推荐那些游人如织、名声在外的地方，我会推荐这样一个古村落：村居沿溪傍山而建，古老民居掩映在青山绿水间，灰砖石墙，卵石铺地，朴实无华；古桥、古树、漫山翠竹、不息的山溪、烂漫的野花与鸡、鸭、狗、猫相映成趣。在这里可以数星星，看月亮，喝茶，吃农家菜，享受时光、空气和水。

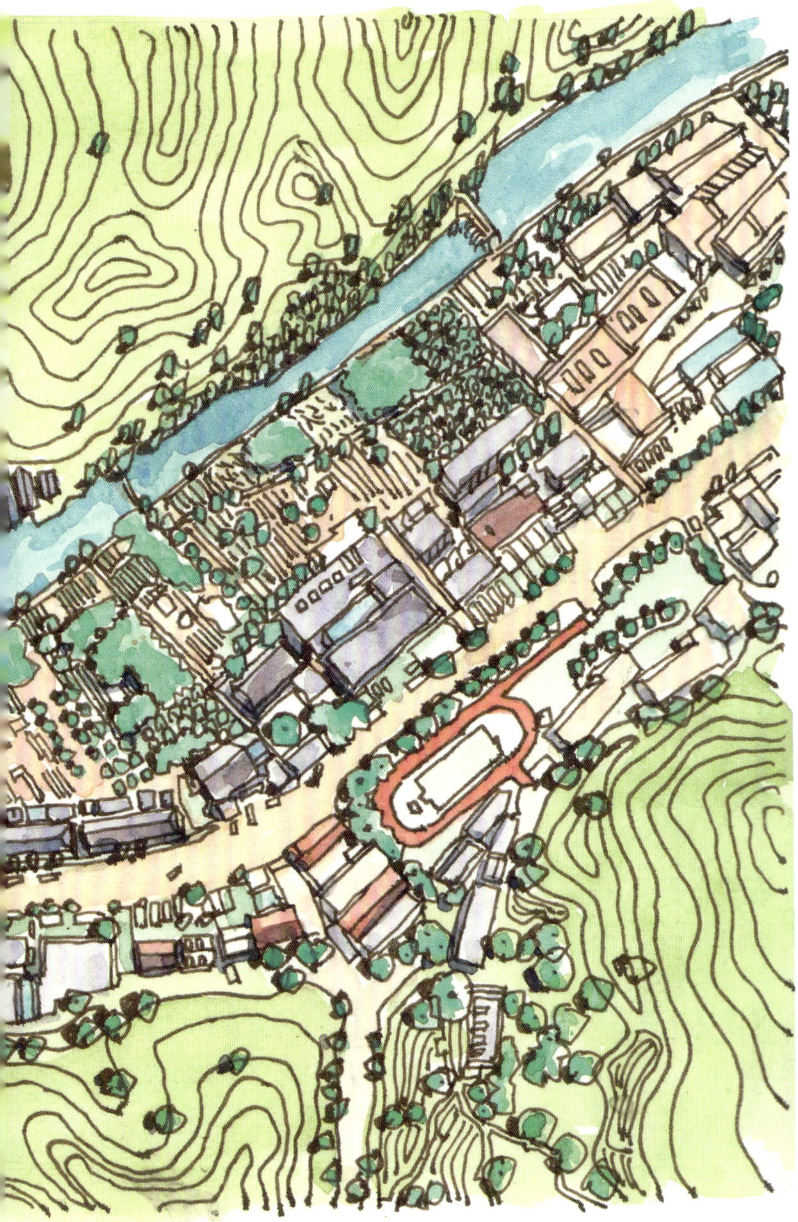

掩映在青山绿水间的下跸驻古村落
向俊

它隐于大山深处, 它就是王羲之后人隐居地, 也是南宋高僧大川普济出生之地 ——下跸驻村 。下跸驻村离溪口镇约十五千米。唐天祐四年 (907), 宋嗣宗任奉化县令, 为奉化宋氏始祖。约四百年前, 其后人徙下跸驻, 至今已延续至第三十五代。

跸驻是奉化区溪口镇的一个古老村落名字, 现在分为上跸驻和下跸驻两个村。跸驻这个地名来自五代十国时吴越王钱俶曾在此短暂居住的一个传说。

1 | 2

下跸驻村是个古老的村落, 其历史可追溯到一千多年前 _1
夏克梁

生活环境和生活习惯的变化可以从部分器具中得到体现 _2
向俊

Walking and Painting in Ancient Villages

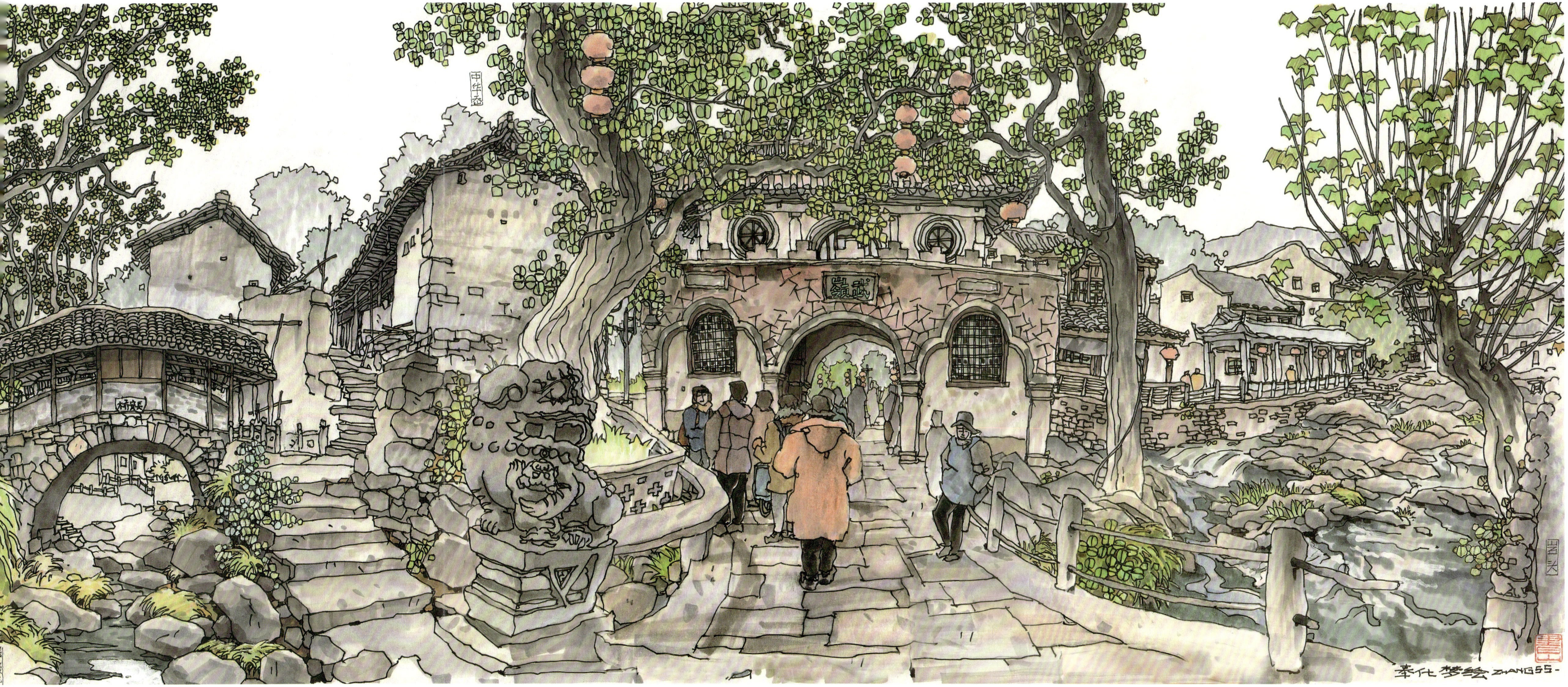

本地文献《四明谈助》寥寥几言，把事情说清楚了：『五代时，陈殿中隐于此，吴越忠懿王亲往顾之，故有此名。』陈殿中名陈文雅，当时还未为官，后出山，官至殿中监，相当于吴越王的亲信。据传，吴越王钱俶探望陈文雅时，两人同吃住达旬日，可见吴越王对陈的欣赏和两人的投缘。

陈殿中，想必是个像南阳诸葛亮一般的人物，不然，吴越王怎会『亲往顾之』？而跸驻必当是一个风光秀美的山村，不然，陈殿中怎会安心隐于此？吴越王又怎会乐不知返呢？所以明初『吴中四杰』之一的高启作诗云：『殿中初未仕，高节振衰谢。读书在兹丘，萧然竹间舍。王来有深言，留宿山水夜。谁云南阳翁，独枉将军驾。』

1 2

下跸驻村民居 _1
摄影 毛朝晖

废弃的老房子 _2
向俊

直街
2

跸驻村历经唐、宋、元、明、清至今，大批文人墨客都来此地寻幽探胜 。当时有一批文人，例如：陈基、陈子翚、陈沆、李清照等，曾遍游天下名山大川，也到过武夷九曲，都认为剡源山水不亚于武夷，于是把王羲之隐居之地六诏称剡源一曲，把钱忠懿王赏莅和大川普济出生之地跸驻称剡源二曲……并留下许多诗作墨宝。如三曲隐士陈子翚有诗曰：“二曲萦回水合流，钱王祠下碧悠悠。乘闲试读高僧传，始信长门出颂头。”此中的高僧即指大川普济。

1 | 2 3

具有时代特征的木门板仍旧保存完好 _1
摄影 毛朝晖

民居内廊 _2
张书山

建造讲究的民居入口 _3
向俊

奉化剡溪源自新昌县老庵基山，从剡界岭南流入，经六诏、跸驻至班溪、公棠村等，一路屈折逶迤，风景优美，充满人文故事和美丽传说，谓剡源九曲。清代史学家全祖望《剡源九曲辞》写道：『溪流泻碧玉，蜿蜒出山麓。山溪雨蒙蒙，遗音在空谷。』最后一句说的是历代名人曾在此逗留居住。我想这『遗音』里应该有钱忠懿王和陈文雅在溪边闲走时的谈笑风生吧。

当元末诗人、书法家陈基慕名来此时，跸驻俨然已成诗书礼仪之邦，他兴而作诗：『二曲山头草木芳，钱王驻跸有余光。故家乔木今无恙，礼乐衣冠比郑乡。』

下畔驻村历来重视耕读传家，讲究诗书礼仪。进村处有几棵数百年枫杨树屹立，村内保护完好的八座庭院尽显古人智慧，如夏房、商房、周房等以朝代顺序命名。另有“定静安”“烟云处”这些雅名镌刻在每个庭院的门楼上，无不显示出庭院主人之爱好雅趣。庭院基本结构为四合院式，沿中轴线左右对称，地上以鹅卵石铺成图案，边缘用青石板做台阶。厅堂都各取其名，如：聚兴堂、敦厚堂等。门窗雕有梅、兰、竹、菊。人在庭院内只感觉到一股浓厚书香味向你袭来，让你忘了岁月时光。

1 3
2 4

下畔驻村的合院建筑 _1
摄影 杨建华

下畔驻村的夏房 _3
摄影 毛朝晖

院中堆放的杂物 _2
夏克梁

保存完好的庭院 _4
张键

走出庭院，外面弯曲小巷相连，好似迷宫一般，但又不会迷路，可见古人庭院设计之精巧！历经风雨岁月，跸驻村走过千年时光，到了近代，随着经济发展，人们利用当地溪流开发船运。竹筏可以行驶到跸驻，再往上则较难行进，因此在跸驻就形成了一个物资集散地，当地人称之为“行”。跸驻当地，以及剡溪上游的农产品，要集中在这里，通过竹筏运送出去变卖，再将城里的生活物资运送到跸驻，供人们生活所需。

1 2

保存尚好的门头 _1
张书山

庭院一角 _2
张键

福

具有物资集散功能的跸驻行，当时兴盛忙碌，晚上灯火通明。岸边的小山，灿烂如仙境，人们就把那座小山叫作『仙灵山』，溪上的桥，叫作『仙灵桥』。村中还有石墩桥、跸驻桥、聚胜桥，小桥流水人家，一派世外之境。在跸驻，无论是穿行村中，或是流连于溪畔，总使人感到怡然自得，温婉而美好。

抚今追昔，走进下畔驻村仿佛穿越了千年时光，这里的山水风情和一草一木都有晋唐遗风，这里的古居老宅、画梁窗饰尽诉岁月沧桑。这真是『古韵悠悠下畔驻，抚今追昔诉往事。晋唐遗风传世家，小桥流水剡源地。』

1
2 3

聚胜桥 _1
张书山

畔驻村的古树与古桥 _2
摄影 杨建华

小桥流水剡源地 _3
向俊

02.4 中华岙村

一条小溪弯弯曲曲，缓缓流淌在山岙里。沿着这条小溪行进，十分钟后便到了一个小山村——中华岙村。

穿村而过的溪水两旁，移步换景，只有溪水一直安静地流淌，清澈而平和，这是一种令我们着迷与沉醉的气质。满眼的青竹与一些荆棘、沉静的溪水都散发着清新而富有野趣的味道。夏季天气虽热，却也是一个让我们陶醉的时节，大自然的一切经过春天的萌动、成长，在夏季里变得格外浓郁、清亮入眼。

1 2 3

具有人烟气的中华岙 _1
摄影 毛朝晖

溪中的天然鹅卵石是中华岙村民建造房子的最好材料 _2
张键

中华岙不大却是一个非常古朴的村庄，几乎看不到新砌的房子 _3
王兴华

据老农说，中华岙村祖先是在清代中期从石门村迁移过来的，因此全村姓毛。目前共有一百多户人家，有三十多个留守老人居住在这里。整个村子呈狭长形，村庄格局从外至里分别为外四份、中四份、里四份。沿着溪边小路行进，夏日明媚的阳光照在树上、花草上、石垒的墙上，让我们的内心觉得柔软而温润。山峦与树荫遮蔽了村庄，阳光只能照亮这个村庄的梢末。

| 1 | 2 |

清澈见底的溪水 _1
摄影 夏克梁

中华岙有一条小溪，溪旁除了建有很多古民居，也有部分为民居配套的辅助用房 _2
夏克梁

2020.8.14

傍晚时分，夕阳西下，一片余晖落在路上，路是清爽而又充满着一些暖意的。我们静立许久，仿佛许多人生的记忆在这儿陆陆续续复苏。有时候，住在城市里的我们也一直在寻思着能去乡野小村看看，寻思着能与一些久违的东西相遇。在这里，大家儿时的记忆与丢失的乡愁，一点一点地重现……

1 2

昔日的牛栏和猪圈，如今成了堆放木材和杂物的地方 _1
夏克梁

户外的传统茅房早已废弃，成了村民永恒的记忆 _2
夏克梁

村口溪岸边有一棵巨大的香樟树，路的另一边是一棵巨大的朴树，根部已苍老，树干上长满青苔，而上端却枝繁叶茂。远远地望着那青翠欲滴的、充满无限生机的叶子，那堵青石垒砌的、高高的墙与墙上那长满的野花，我们就莫名地被感动得想落泪。生命中不知盛开过多少次充满生机而又美丽的花，那堵粗犷石墙上的黄澄澄的野花、那种生机勃勃的山野碎花，让人感到生命的力量。

野花、石墙、古树、小溪、民居、小巷、柴扉、行人、青峰、蓝天、白云，此时全部纳入我们的视野。当这幅极美的图画定格在我们的视野里时，大家一下子就醉倒在浓郁的乡愁里，觉得村庄正以原本的面貌在接纳我们这些身心已有些疲惫的游子。

中华岙这个村庄是清爽的，仿佛一个老者，但依旧质朴而又眉清目秀。不管这个世界之外发生了多么大的事，不管外面刮多么狂暴的风，它依旧保持着自己的不做作，也不怯懦卑微。因四周山高，夏日的阳光只能照到小村的半边，我们被这光照吸引了，这常常是艺术家喜欢的光线和角度。

1 3
2 4

石砌的老房子依旧完好地矗立在山坡上，向人们诉说着这里的过去和现在 _1
摄影 毛朝晖

修整一新的灶间 _2
向俊

中华岙的民居，依旧散发着动人的魅力，吸引着来自各方的艺术家来此写生采风 _3
摄影 夏克梁

村中的民居、小巷、柴扉都是我们笔下极好的素材 _4
夏克梁

站在村口一处高地上回望中华岙，村子的巷道很窄，阳光总是把泥坯房沉重的阴影投在不足两米宽的村巷里，仿佛是把上几个世纪的时间都凝固在了这古老而沉默的山村老屋里。因此，即使是在阳光下，成群错落有致的山村民居也给人以凝重、苍凉的感觉，那感觉来自大山深处自然的质感，来自山村远离尘嚣的古朴，也来自留居的山民不屈不挠、坚韧的生命力。青瓦石墙的老屋随着纵横交错的穿村巷道和石阶小路而高低起伏。几幢农屋、一爿小店、一条小溪，犬吠、鸡鸣、炊烟、斜阳……好一派淳朴的原始山乡水墨画！

1 | 2

一抹阳光 _1
赵晨旭

阳光照射在泥土墙上显得格外的耀眼 _2
摄影 毛朝晖

JUFLON

田湾，不是一个人的名字，田湾是奉化区溪口镇石门大村的一个自然村，海拔 500 米左右，20 来户人家，掩映在竹海深处。田湾村的房子不多，大多依山势而建，主体建筑多以木结构为主，杂物间、厕所和猪舍都是泥坯房，房子错落有致，远远望去被翠绿竹林环抱，似世外桃源。村民世代过着日出而作，日落而归的生活，民风淳朴，热情好客。村里建筑古朴，保存完好。

1 2

02.5 田湾村

村口的茅厕和猪舍 _1
夏克梁

竹林深处的田湾村 _2
摄影 夏克梁

1 2 | 3

被竹林包围的田湾村 _1
摄影 夏克梁

破旧的田湾民居 _2
张书山

田湾的部分老房子与其他村落老房子的命运一样，常年无人居住、无人维修，只剩骨架还苦苦支撑着 _3
袁华斌

村里年轻人大多外出打工，村内仅剩十余名年长老者留守。正因为他们对家园的不舍和守护才使小村有了生机和灵魂，有了世外桃源般的存在。有人说这里是浙东最后的秘境，无论是哪一种说法都充分说明了这里的生态和自然美。

写於奉化 2020.11.

1 2 3

古老的民居向我们诉说着久远的故事，带我们走进千古思绪 _1
夏克梁

田湾村不大，房子却很老 _2
向俊

田湾小景，令人向往 _3
褚定华

20 世纪 60 年代，田湾村因盛产大毛竹而闻名。如今，田湾的出名是因其村旁有一条长百米、宽一米的竹林古道，吸引着无数“驴友”来此游玩、驻足。这条无名古道盘旋弯曲地穿插在竹海中，如一幅色彩浓烈的油画，诉说着久远的故事。走入田湾秘境，满眼的青绿翠竹，清新而柔美。淡淡的远山，如浅浅弯弯的眉黛，屋后的红枫热情似火，这里的一切都让人陶醉其中。

田湾村的原始风貌一下子把我们惊呆了。我们还在村内乱石瓦堆上现场作画，这也给大家带来了启示，生活处处是风景，问题是大家怎么去发现大自然之美！

阶旁的老房子
张键

今天的田湾村在现代文明的洗礼中依旧保持着原始与自然，昔日繁华虽已落尽，但这满目的绿意与生机勃发，吸引了不少人前来攀登古道，感受这个世外桃源般的诗意田湾。

村庄虽老，草木依旧绿；历史已往，溪水依旧清。纵然田湾村被掩映在这大山深处，然而一代代勤劳耕耘的田湾人仍将小村故事延续更新。田湾村也定然会如青山一般百年如故地守望在这里，守望着钟情于它的人们。

田湾之美非一言可尽，这里以诗颂之曰：田湾何处试相寻，古道迂回上翠岭。履侵竹径新苔滑，一声清磬出烟林。屋后幽兰凝淑气，乘兴浑忘归路晚。

1 2 3

依旧守护在村里的手艺人 _1
摄影 夏克梁

村里人过着自产自足的田园生活，又是一个丰收年 _2
胡其梅

依山而建的田湾村，石阶成了村中的交通要道 _3
夏克梁

2020.9.2

02.6 竹坪村

竹坪村是地处奉化区溪口镇境内石门大村的一个自然小村。
全村大约有七十多户，三百多人，目前村内只有留守老人二十多人。
经济作物主要以山竹为主，还有少量高山农田和次经济林。

1 2

山顶上的自然风光 _1
摄影 夏克梁

竹坪是隶属石门的一个自然村 _2
杨博

村庄坐落在海拔 600 多米的竹林中，风景绝美，地理位置绝佳，唯一一条进村的乡村盘山公路到这里戛然而止。这里分明是另一个世界，正如陶渊明笔下所描述的一般。春天里，在竹坪村农家小窗前，翻阅一本旧书，重温纸张书香的触动，任山风习习，沏一壶香茶，听一首老歌就能让身心轻盈起来，在书墨的世界悠然漫步，感受时光的存在，品读心灵飞舞的乐趣……在幽静的竹坪村里可以一个人尽享慢时光，简约、宁静，忘却了世间的喧嚣纷杂，抛弃了红尘烦恼琐事。

3
1
2
4

村里的很多泥坯房如今已无人居住，却是一道靓丽的风景 _1
摄影 夏克梁

竹坪人家 _2
摄影 夏克梁

老房子中的小桌和小凳 _3
向俊

老房子是我们眼中最好的美景 _4
夏克梁

充满浓荫的翠竹林里，依山势而筑的泥坯房民居井然有序。我们走进竹坪村民居中，与年长大伯、奶奶们一起嗑瓜子、谈天说地。与他们交流尽可放下身心，忘却一路疲惫。他们的脸上洋溢着中国地道的农民本色——厚道、朴实。

我们团队一行人走访了毛大伯家，他家依竹山傍小溪而建，门前是乱石铺就的村道，屋前用乱石砌墙，围成一个空地作为院落，用竹子搭成的晾衣架在日晒风吹中早已干枯得开裂。屋旁种着一棵梨树，院子里种着几棵桃树。大家被眼前的美景所吸引，纷纷用手机摄下眼前风景，同时又用手中的画笔勾勒出一幅幅生动的画面。

| 1 | 2 |

竹坪民居碎片 _1
夏克梁

享受竹坪慢时光 _2
杨博

1 2

堆放的杂物最具生活气息 _1
胡其梅

有温度的厨房 _2
向俊

好客的大伯给我们端上自己制作的绿茶，他说这茶是清明节从大雷山上采摘的头茶，纯手工制作的。大雷山海拔８０９米，春季云雾缭绕，这茶堪称高山云雾茶。果然不错！喝下去口感极好，一股淡淡的清香留在舌尖。到了午饭时分，毛大伯在家里做了一桌农家土菜，品种不多，可都是自己种的『原生态』啊。有炒青菜、梅干菜炒肉、鸡蛋汤、烤土豆、油焖笋、野山笋炖鸡煲。我们在毛大伯家里边品尝农家风味土菜，边品尝自酿土酒。中午我们就这样在一杯土酒中沉醉，傍晚我们又陶醉在一米阳光里。如今社会已很难寻得这样一方宁静。

2020 0612

闲暇中我们抬头一看，毛大伯家窗台上放着一盆山里挖的兰花，这绝对是深山冷岙里的兰花。你看它叶子翠绿，许多花苞都未开放，在逆光中更显生机。叶间一朵小花，暗香盈袖，安然在浅夏里悄然绽放。

1 2 3

夏日的阳光照射在土红色的泥土墙上显得格外耀眼 _1
摄影 夏克梁

堆满杂物的廊道 _2
袁华斌

房子虽老却有人情味 _3
袁华斌

我们曾经潮湿的心和记忆中的乡愁也融入这初夏的季节里。这里的阳光微晒，酒微醺，风微凉，晾晒于浅夏的枝头，一袭轻盈，给人沁心明媚。

这些藏在生活里不经意的小细节，可以把平淡的日子装缀得妙趣横生。浅浅夏日，用一颗从容而丰盈的心境，静享惬意的农家时光。儿时的记忆、趣事也在竹坪村里一一再现……

再美好的相遇也要分别，再美味的佳肴也只能等下次再来品尝。再见竹坪村！再见纯朴的村民们！愿大家安好！附诗一首 ：“修篁深处有人家，傍水依山采碧茶。遗世桃源心欲醉，竹坪村里看朝霞。”

02.7 金竹地村

“金竹地”是一个村子的名字，一听这个名字就觉得很有故事。它藏在奉化中部第一高峰大雷山的半山腰中，村四周被竹海包围着，人在远处根本看不见它，只有走近了，眼前才会呈现出村子的真面目。

金竹地村的海拔约有 500 米，它是隶属于石门村的一个美丽的小自然村。夏日的午后，我们一行人在两位金竹地村大伯的陪同下进村一探究竟。

据年纪较大的毛大伯说：古时有“八仙斗术大雷山”之典故。传说，金竹地村被八仙之一的何仙姑在斗术中漏洒了种子，为此何仙姑专门去南海观音那里重新拿了毛竹苗秧栽种在此处。竹苗因此带有仙气，在阳光照耀下散发出金色光芒，远远望去一片金色。当地村民为讨个吉祥便把村子叫金竹地村。现在整个村庄掩映在竹海中，这些毛竹一年四季为村民带来了可观的经济收入。有诗曰：“仙姑路过大雷山，提篮洒籽满山坡。雷山遍种万亩竹，四季造福为百姓。”

1 2 3

山腰中的金竹地村 _1
摄影 杨建华

金竹地零星的民居建筑 _2
摄影 夏克梁

废弃的物品总是舍不得丢弃 _3
毛夏莹

村子不大，有四五十户人家，不到二百人。据考证，村民的祖上约在清中期从山下石门村迁移至此地居住，因此村内尚有少量建筑保留晚清风格。二十世纪八十年代，随着改革开放的潮流，村内大量青壮劳力外出谋生，目前村内只有二十多个留守老人常年居住于此，过着日出而作，日落而息的田园生活。分明已是隆冬时节，但在冬日阳光下老人们依旧精神抖擞地劳动着，大爷们砍竹、削竹，妇人们帮忙绑扫帚，偶尔看到几位老农在田里种菜、除草。他们悠闲地享受着劳动带来的快乐，看到我们到来忙着招呼，沏茶给我们喝。茶过半盏，陪我们的两位大伯讲，他们原来住的老屋里藏着几样宝贝，叫我们去欣赏一下。一听有宝贝，大家顿时来了精神，跟着大伯进老屋参观。楼梯年久失修，我们颇加小心地上到二楼，随着大伯打亮手机的照明只见眼前一亮，还有一张古老的木床，床四周雕有精致图案，有“八仙过海”人物造型，还有一对倒挂狮子形象，惟妙惟肖，甚是可爱。下楼出来后又去另一位大伯家里参观，他家同样有一张古老的木床，该床由木雕与玻璃、象牙组合而成，煞是奇葩。大伯说这床是祖上有余钱时专门向石门村大户人家买来的……

1 2

金竹地是一个自然村，村中的房子并不多，仍在使用的更是屈指可数 _1
夏克梁

若干年后，这里肯定会成为孩子心目中最美好的记忆 _2
摄影 夏克梁

2020.8.17

时间已近黄昏，我们转了大半个村子，也收集了不少素材，转身往回走，在路过一户人家门口时，忽然发现一块重达三百斤的练功石竖立在杂草中。我们好奇地问两位大伯：这里的先人原来也会在闲时练身体?年长大伯说：早先听祖辈说，在清代晚期这户人家曾经出了个武举人，这块石头就是武举人的练功石……后来这里又出了一位全国一级战斗英雄毛杏表烈士，1949 年他参加过开国大典观礼，1950 年出席全国英模大会，被授予“全国战斗英雄”称号，还受到毛主席接见，后来赴朝参战，在朝鲜战场上光荣牺牲。他是这里的骄傲！现如今，金竹地村也出了许多政界、商界、学术界人才，他们走出大山开创着事业，业成后不忘家乡，默默奉献 他们慷慨解囊为故乡出资修路、筑亭，帮扶孤寡……

1 2 3

屋旁的小溪是金竹地村民天然的水缸 _1
夏克梁

傍晚时分的金竹地民居显得格外古朴 _2
摄影 鲍尧君

金竹地村民的生活场景 _3
袁华斌

20210212

我们一行人继续深入村子各个角落进行深度考察写生，把古村的历史风貌和当地风俗习惯一一记录在速写本上。后来又和村内唯一一名留守女童进行爱心结对，我们专门赠送给她一套马克笔和绘画本，有团队成员给女童做美术辅导，还有团队成员给她 500 元生活费，女童的爷爷和奶奶在一旁很是激动……临走时，老夫妇俩和小孙女一直把我们送到村口。特别懂事的小孙女一直在村口目送我们离去，她那双小手也一直挥个不停。我们回头对她说，下次一定再来看她，叫她好好念书，做个有出息的人。

青山如黛，竹影婆娑，老牛安闲地憩息在村口大枫树下，鸡鸣狗吠声打破了小山村的寂静。夕阳西下，伫立村口金竹亭前，浮想联翩，遐思无限，不觉诗兴大起，吟道："山径崎岖紫翠连，修篁深处有人家。客来此处宝物寻，野色偏多竹笆里。"

1 | 2 | 3

公路旁的这户人家，就是留守女童的家，从建筑和环境、位置来讲可以说是最好的一户人家 _1
向俊

山野"别墅" _2
摄影 夏克梁

屋旁的自留地 _3
夏克梁

02.8 徐马站村

徐马站村位于奉化区大堰镇境内，共有徐家、程家、王家、李家四个自然村，分布于大堰镇北部南北长约1千米长的山谷中。该村由徐、程、王、李等姓氏杂居而成，其中徐姓为第一大姓。现有547户，1600人，耕地面积1265.5亩，山林面积4971亩。

相传，古时这里设有马站。马站，也就是驿站，又叫急递铺，由官府设立，负责安排过往官员的交通和食宿，还负责传递公文。一次，一位徐姓驿夫因传递公文到下一站去了，只有他7岁的儿子在马站。恰好当天皇帝轻车简从，微服私访至此，发现站里竟是一个稚气未脱的小儿充当驿站值班，感到十分好奇，又见他聪明伶俐、虎头虎脑，十分喜欢，便问了他的年龄，有意要考考他。

1 2

沿溪而建的徐马站村徐家 _1
摄影 杨建华

徐马站村民居 _2
向俊

触景生情，皇帝便出了一个上联『七岁小儿当马站』，要他对出下联。小儿早就觉得这人气质非凡，不是凡夫俗子，又从随从的口中隐约知道他是皇帝，于是脱口说道『万年天子坐龙庭』。皇帝听了以后，觉得7岁儿童竟能对得如此工整贴切，龙颜大喜，有心要赏赐他，于是问他想要得到什么。小儿因为家中素来贫穷，一直没有自家的房子，就对皇上说，想得到一间小屋。皇帝于是吩咐奉化县令，马上给小儿一家造房。后来，人们就把这个地方叫作『徐马站』。

2
1 3

徐马站村标志性的雕塑 _1
向俊

残留的半间房 _2
摄影 鲍尧君

砖混房和木房相间的徐马站民居 _3
张孟云

再后来，王姓、程姓等都纷纷搬来附近居住。村落不算大，依山傍水一字排开，虽说古宅、新楼杂陈其间，但看上去却是井然有序，相映成趣。

而据徐姓老者依家谱推断，徐氏宗族应为徐君偃之后裔。据载，西周穆王时有徐君偃因仁义而颇得百姓拥戴，后起兵伐周，兵败彭城。周穆王不但没把徐家斩尽杀绝，反而封偃的儿子宗为徐王，让他继续管理徐国。公元前 512 年徐国亡，亡国子孙逃逸四方，但仍不忘以原国名为姓。

1 2

深深的巷道 _1
摄影 鲍尧君

巷道深处的徐马站民居 _2
夏克梁

奉化大堰镇是高山小镇，过去因交通不便，对外交流较少，许多山村还保留着自然风貌。沿着横山水库旁的盘山公路一直往前行驶，经过南溪口村右转过桥过万竹村，又行驶了大约五千米路便看见峙坑水库大坝，再行两千米便到徐马站村。山乡沿途两边皆是大片毛竹林，目之所至青绿滴翠，微风过处如海似涛。在这竹海相挟之处悠悠然地飘出了一条白练，名曰澄溪。

1	3
2	4

徐马站王家的传统院落 _1
摄影 杨建华

叠放杂物的室内空间 _2
张键

很多村民通过养花来增加生活的情趣 _3
杨诺昕

古老的石拱桥 _4
摄影 杨建华

进村须过石拱桥，但旁边又有一座小石拱桥相连，有点像水乡周庄双桥的样子，真想不到这么个偏僻小山村里会有这样两座石拱桥。村口一座高大气派的门楼呈现在眼前，乃南宋尚书徐珍之宅第，正中一匾系宋高宗赵构所赐，“恩赐世家”四个大字遒劲似铁。阊门内有“静山堂”，又名“万封堂”。进入阊门内，穿过前厅、明堂，来到后堂，老人们指着后堂的 11 根柱子自豪地告诉我们，古时农村造房屋用 11 根柱子，必须经过朝廷允许。由此可看出该宅主人当时的荣耀显赫。出阊门向右，竖着一块青石，扁方长条，雨侵风蚀，无铭无字，看上去远不及“泰山石敢当”之类的铭石气派。只是石头上端那个镂空的、酒杯大小的窟窿或许能引起人们的一点兴趣。就是这么一块不起眼的石头，却是权力和尊严的象征，所谓“文官下轿，武官下马”的典故大多就出在这种不起眼的挡马石面前。当然，这种不起眼的挡马石也得是皇帝钦封的，只有像徐尚书这样的顾命大臣才能享此殊荣。

徐马站的山水就是造就徐尚书的根本所在，因为『地灵人杰』这四个字是永远不可分割的。徐马站的山水几乎可用一个『幽』字来概括，淡泊、平和、不张扬，但就在这淡泊、平和的外表下却潜藏着妩媚俊秀的诗情画意。清代贡生江涛曾以一首充满激情、笔法细腻的《望江南》传神地描绘了紫封潭影、团凤山辉、燕山茂林、顺宁古刹、二水潆流、洞桥焕彩、静山挺秀、茭池效灵等登岱（徐家村古名）八景。只是沧海桑田，斗转星移，有的景物已为历史的尘埃所湮没。

如今岁月静好，
小山村依然如故，
唯独缺少了往日繁华。

1 3
2

青山绿水中的徐马站村民居 _1
摄影 杨建华

民居一角 _2
杨丽梅

廊道是传统民居中的过度空间 _3
夏克梁

徐马站村中间段也有几幢晚清建筑，门楼都是用青石条建成，很有气派，门头还写着“诗书传家”等字样……特别显眼的是一幢民国建筑风格的四合院，外面整体保存完好，锈迹斑斑的铁窗栏杆仿佛在诉说着过去的辉煌岁月，任那风吹雨打。再往里走是程家和王家住地，都是依山傍水而建，过溪两岸用石拱桥相连。

02.9 栖霞坑村

1 2

深山中的栖霞坑古村落 _1
摄影 鲍尧君

栖霞坑村的古民居 _2
夏克梁

“栖霞坑”，一听到这三个字就会让人产生无限遐想——彩霞栖息的地方。一打听方知，它居然是一个隐藏在深山里的小山村，也很少有人知道，村子出名还是近三五年的事。因“驴友”的探秘进入，一下子把栖霞古道搞成“网红”了。不久前该古道还被评为“宁波市十大文化旅游古道”，该村也成功入选“宁波十大历史文化古村”。栖霞坑小村离奉化城区只有半个多小时车程，离宁波市区也只有一个多小时车程，交通还是十分便利的。

1 2

全村曾有 264 户人家，仍旧居住在老房子中的也还有不少人 _1
摄影 夏克梁

整个村落保护得相对完整，但也有很大一部分传统民居已无人居住，房子破损严重 _2
夏克梁

一路上车子沿着湖边大道前行，沿途风景秀丽，湖水碧波荡漾，20 分钟后车子右拐进入山峡，沿小溪过董村进入一条乡村公路，又过 10 分钟即到栖霞坑村。一条发源于余姚的筠溪从西往东在峡谷中潺潺流过。长约 600 米的溪两岸，散落着一幢幢清至民国时期的民居。全村 264 户，674 人，村人多姓王，据说是王羲之后裔。500 余年前，王姓始祖三府君自定邑金塘山迁居于栖霞坑，繁衍至今。

2020.8.16

入村，先惊艳于红岩、清溪之美。峡谷中，山岩突兀，色如渥丹，灿若明霞，这是典型的丹霞地貌。许多山岩红白相间，状如桃花，明艳夺目。这些巨石历经数千万年溪水的冲洗、打磨，已被雕琢得千姿百态，或如卧牛，或如青蛙，或如蘑菇，或如元宝。

随着地势的起伏，溪水时作瀑布飞泻，时呈珠玉跳动，时激情怒放、恣意奔腾，时柔情万千、缠绵低语，给栖霞坑注入了灵性和活力。

溪中几无沙土，纯净清亮的溪水可直接取来饮用。溪上的长寿、长安和永济三座石拱古桥，宛如古代女子旗袍上的盘扣，给古村增添了别样的韵味。

1 2 | 3

有溪必有桥，这是三座古桥中的永济桥 _1
摄影 毛朝晖

长寿桥 _2
摄影 鲍尧君

桥头的仙人掌 _3
杨丽梅

2020.12

| 1 | 2
3 |

长安桥的长廊结构 _1
江涛

风雨廊桥——长安桥 _2
摄影 夏克梁

长廊是村民歇息纳凉的公共场所 _3
摄影 夏克梁

由东入村，一座青藤遍缠、充满野趣的石桥先映入眼帘。这座建于明代的长寿桥鲜有村民往来，30 余年来，它在寂寞中伴着桥边的凉亭，独跨溪面，桥上苔痕斑驳，周围野草丛生，使人感受到岁月的沧桑。偶有过路之人，或冲着吉利的桥名，或发思古幽情，会来走走、看看。村中的“长安桥”建于清同治初年，为石拱式廊桥，卵石桥面，上有廊屋 7 间，长约 20 米、宽约 3.5 米，长、宽为奉化众桥之首，是旧时通往新昌、上虞、余姚的必经之路。桥上供奉菩萨，桥头设有关帝庙。北首的那棵葳蕤古樟含情脉脉地与古桥相依相伴，不离不弃。桥下溪水淙淙，石斑鱼历历可见；桥上绿藤缠绕；桥边红枫下开满了五彩缤纷的山花。

长安桥早已成为栖霞坑标志性的建筑物

张键

过桥约 500 米处的古道上，有一东西向的古亭，由山石砌建。溪边一幢幢青砖黛瓦的民居错落有致，与青山、竹林、溪水、白云相映，宛如一幅立体的江南水墨画，写意于天地之间。
村中心的敬安堂为王氏宗祠，始建于清康熙年间，1945 年被日军烧毁，同年重建。整个建筑以青砖、青石、榧木为主材，气势恢宏。柱上刻花描龙，月梁、牛腿雕刻精美。里面的显应庙为全村王、周、何、孙四姓宗庙。庙对面是一座飞檐翘角的红戏台，精致的藻井，工笔的花鸟画，于庄重中透出几分秀逸。
村东的长寿庵，创自何年、圮于何时已无从查考，呈现在眼前的长寿庵是清光绪九年 (1883) 由村人捐资捐力在遗址上重建而成，砖木结构，外观古朴。只是如今残破失修、大门紧闭的古庵与一旁开枝散叶、绿意葱郁的古樟相映，显得凄凉落寞。

1 2

废弃的茅厕 _1
许一贤

残留的建筑墙体 _2
张键

2020.9.

探访完古村里的古桥，我们又回到村口，进入『栖霞山居』民宿稍作休息。这个民宿据说是福建人打造的。把原来村里废弃的集体房进行改造，保留原汁原味的外墙，内部布置有十二个房间，分别取以诗意名字。每到双休或节假日都会有许多外地游客来订房，小山村也日渐热闹起来。

1 2

栖霞坑民居 _1
陈永斌

村民用过的草帽及农具，
成了很多民宿的装饰品 _2
毛夏莹

目及已倒塌一半的式谷堂的刹那，心头涌起了无比的惆怅，就像飘荡在身边的那团云雾，挥之不去。这座建筑面积约500平方米的式谷堂，是王恩溥的祖堂，又称『洽成祠堂』，建于光绪年间，二正二厢。祠堂南北边门的白色门楣上有蓝色可辨的『源远流长』『世袭槐荫』的字样，四周雕有精美花纹。

1 2 3

仅存墙体的式谷堂 _1
摄影 毛朝晖

院内做工考究的门头 _2
江涛

外观气派的洽成閶门，也是目前栖霞坑保存最完好的閶门 _3
摄影 鲍尧君

沿着砖墙下布满青苔的卵石路，我们走进了溪北的洽成閶门。它是同盟会成员、反清义士王恩溥的故居，建于 1870 年左右，也是目前栖霞坑保存最完好的閶门。王恩溥出生于 1888 年，少年时与蒋介石结为盟兄弟，后与蒋介石一起追随孙中山先生，致力于辛亥革命事业。传说，他有飞檐走壁之功。1916 年，他与蒋介石一起从上海乘船回来，刚出宁波码头，便被密探跟踪。蒋介石得以逃脱，恩溥被捕，几天后被军阀枪杀于宁波西门外。洽成閶门是一幢十分典型的江南四合院，门头砖瓦雕刻精美，中有“润庄”两字。閶门内，那圆润的卵石天井、古朴的青石路面、半开半合的花窗花门、晾挂着衣裳的屋檐、门口剥笋的老人，时时散发出江南人家浓郁的生活气息。

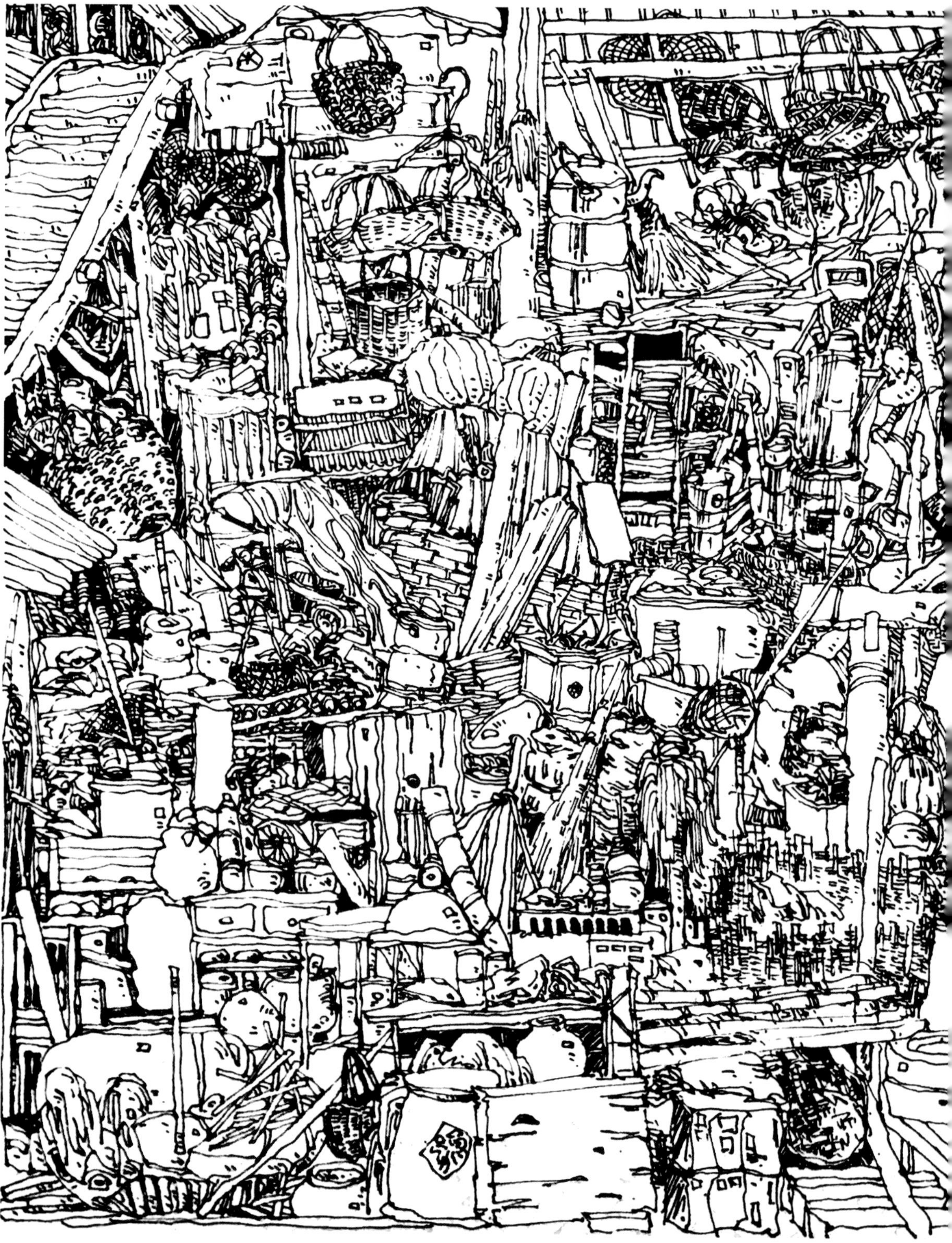

走出村口，跨过小溪，登上不高的山坡便看到村子全景，只见整个栖霞坑处在如梦如幻的诗意中，幽闲而宁静。此刻，不禁想起了四明剡东人于咸丰元年 (1851) 所作的《栖霞坑记》中的一段话："……居四明七十二峰之西，即古所谓桃花坑也……后之人以其地多桃花，三春花发，烂漫掩映，俨若霞蒸，复更其名，而谓之栖霞……" 原来，它曾有一个 "桃花坑" 的旧名，在悠长的时光里，它一直如此美丽动人。回望栖霞坑古村，几位村民闲坐余晖下，正在话家常，悠闲自在的生活令人慨叹："山中岁月无古今，桃花坑里好隐居。如今旧貌换新颜，世外桃源呼朋来！"

1 | 2 3

洽成阊门的边房至今还居住着多户人家，极具生活气息 _1
袁华斌

荒废的院子中时常能看到遗弃的柴炉和捆绑的柴堆 _2
夏克梁

无人行走的石阶，早已长满了野草 _3
摄影 夏克梁

今天讲的“大山”不是一座山，而是一个非常美丽的小山村。它的名字就叫“大山村”，是宁波市奉化区尚田街道畈头村内的一个自然小村。20 世纪繁华时期大山村有 170 户，常住人口近 500 人。现在小村子已经破旧了，村里只有留守老人不到十人，完整房屋也只有十多幢。这里地处奉化大雷山半山腰，村民常年以毛竹为生，也自给自足种些高山杂交水稻和蔬菜之类。

02.10 大山村

1 2

大山村并不大，拾级而上才能看到为数不多的几幢老房子，但房子非常古朴，很是入画 _1
许一贤

“大山”不是一座山，而是一个村 _2
摄影 夏克梁

大山村位于奉化中部第一高峰大雷山山腰，这里海拔近 600 米。建村历史可追溯到清代，至今已经有 300 多年了。这里一年四季风景优美，春天有大片野杜鹃花红遍村口山坡，四周毛竹林环抱，满眼都是绿意；夏季这里因海拔高，又在竹海深处，且山上种有高山水蜜桃，口感甚好，是理想的度假避暑胜地；秋季野果飘香，村口几棵大枫树的叶子在斜阳映照下金光闪烁；冬季大雪纷飞，大山村银装素裹，风光无限美！

1 2

大山村朴实的民居建筑 _1
夏克梁

摆满杂物的门廊 _2
陈永斌

因地势险峻起伏，村子依山势而造。聪明的当地村民利用现成的毛竹材料，在自家屋前搭建毛竹晒台，像吊脚楼一样，很有特色。它既可作为家门口的露台，又可以晾晒农副产品，夏天的晚上更是可以在上面乘凉睡觉。真是功能多多，既生态又环保，真心为聪明的老农点赞！

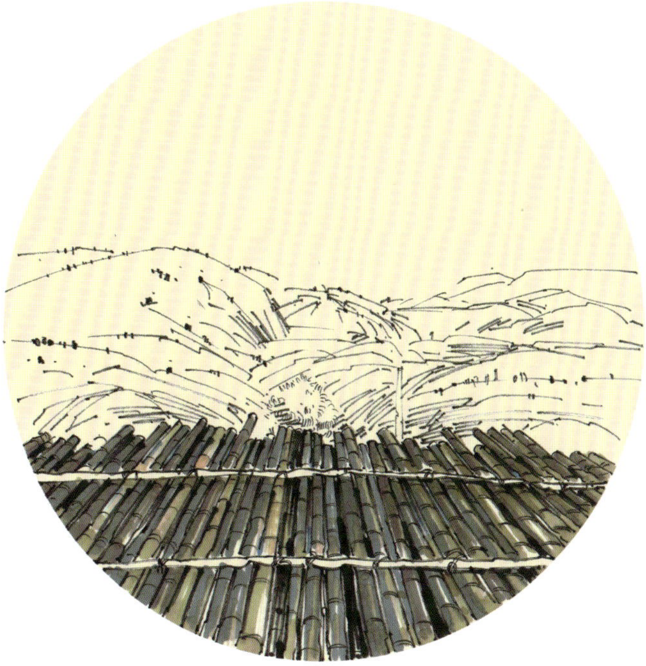

1 | 2 | 3

大山村曾经交通闭塞，如今公路已直达村口，但进村还是需要爬一段石阶路 _1
摄影 夏克梁

因房子依山势而造，很多村民会在屋前用毛竹搭建晒台 _2
张键

大山村保存较好的民居 _3
摄影 夏克梁

大山村民风淳朴，生态环境优美，经常会吸引大批艺术家前来艺术采风。他们用手中的画笔专心构思、创作，土墙、农作工具、老房子、弯曲的石径……这里的一草一木皆可入画。转眼间，一幅幅反映大山村自然风光和人文风情的作品跃然纸上。大山村的村民也很配合，他们挖笋、放牛、做菜……让画家们用速写形式描绘下来。中午休息期间，大山村的村民们会端上烤土豆、烤玉米、水蜜桃、高山西瓜以及热气腾腾的农家土菜招待大家。另外，他们还会邀请茶艺师给大家沏上大雷山特有的高山云雾茶，邀请古琴老师伴奏助兴。大家在这高山小村里聆听美妙琴声，品农家土菜，茗茶，作画，想想真是过瘾！

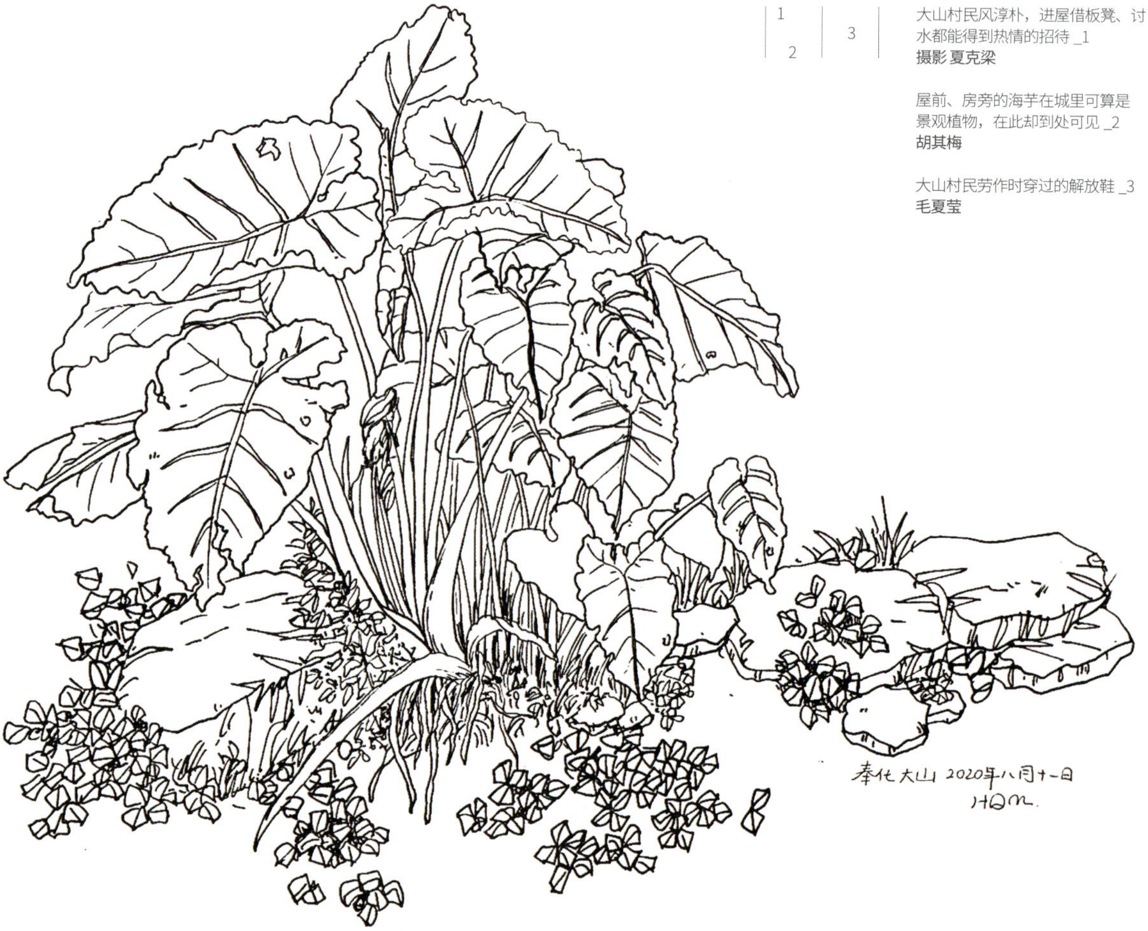

1 2 3

大山村民风淳朴，进屋借板凳、讨水都能得到热情的招待 _1
摄影 夏克梁

屋前、房旁的海芋在城里可算是景观植物，在此却到处可见 _2
胡其梅

大山村民劳作时穿过的解放鞋 _3
毛夏莹

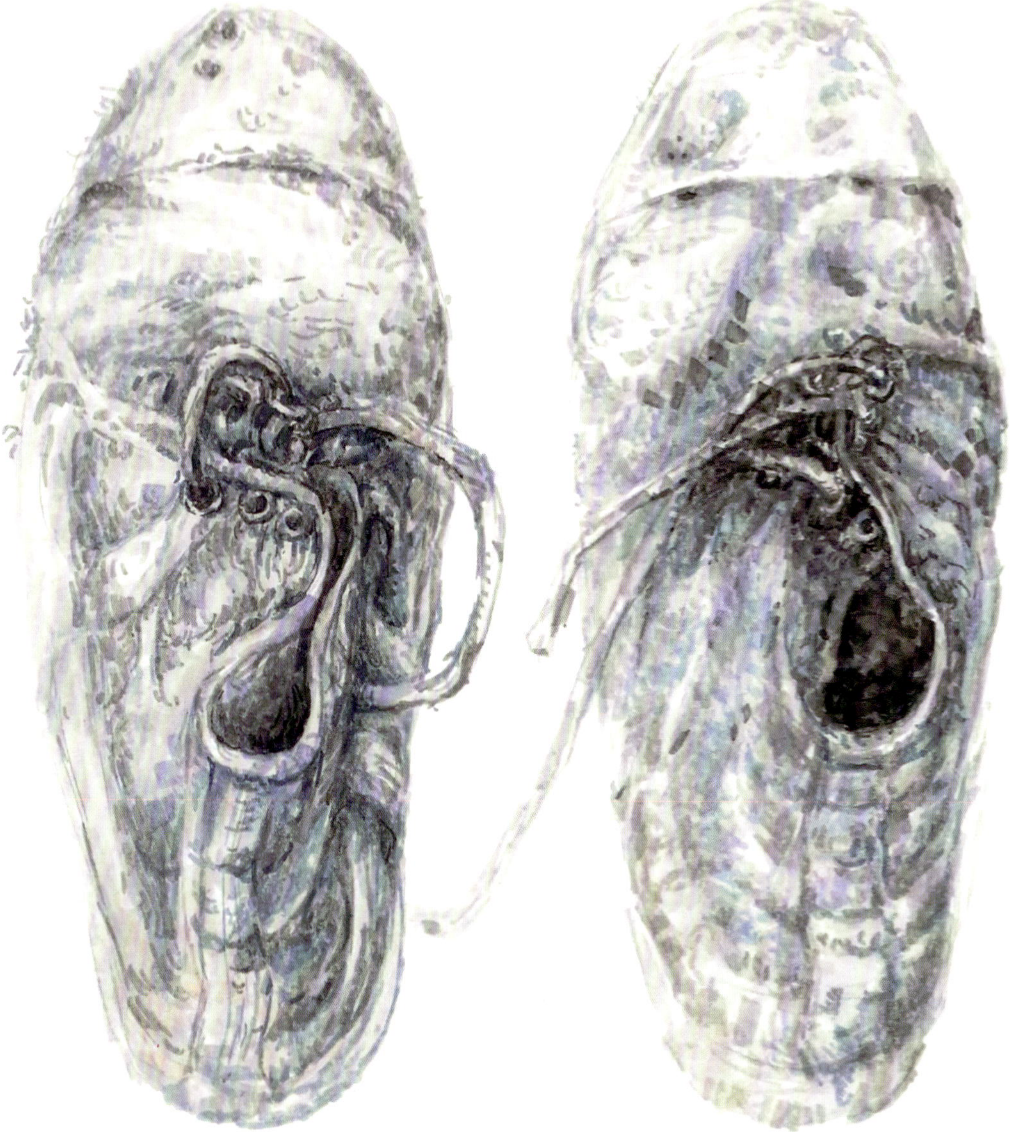

由于历史原因，20 世纪的大山村，交通闭塞，大批年轻人外出打工，村子一度荒废了。今天的大山村，在国家“新农村建设”政策号召下重新焕发了生机和活力！特别是一些在外地工作、事业有成的乡贤的回归，更使大山村有了希望。大山很大、但大山村不大，大山的村民胸怀宽广，大山人的理想很大！要用实际行动来发展大山经济，让大山走出大山！美丽动人的大山小村欢迎大家常来走走。

1 | 2

只剩骨架的大山老房子，却是很入画 _1
毛夏莹

大山人好客，假如你有机会来到大山，他们肯定会拿出最好的美食来招待来自远方的你 _2
胡其梅

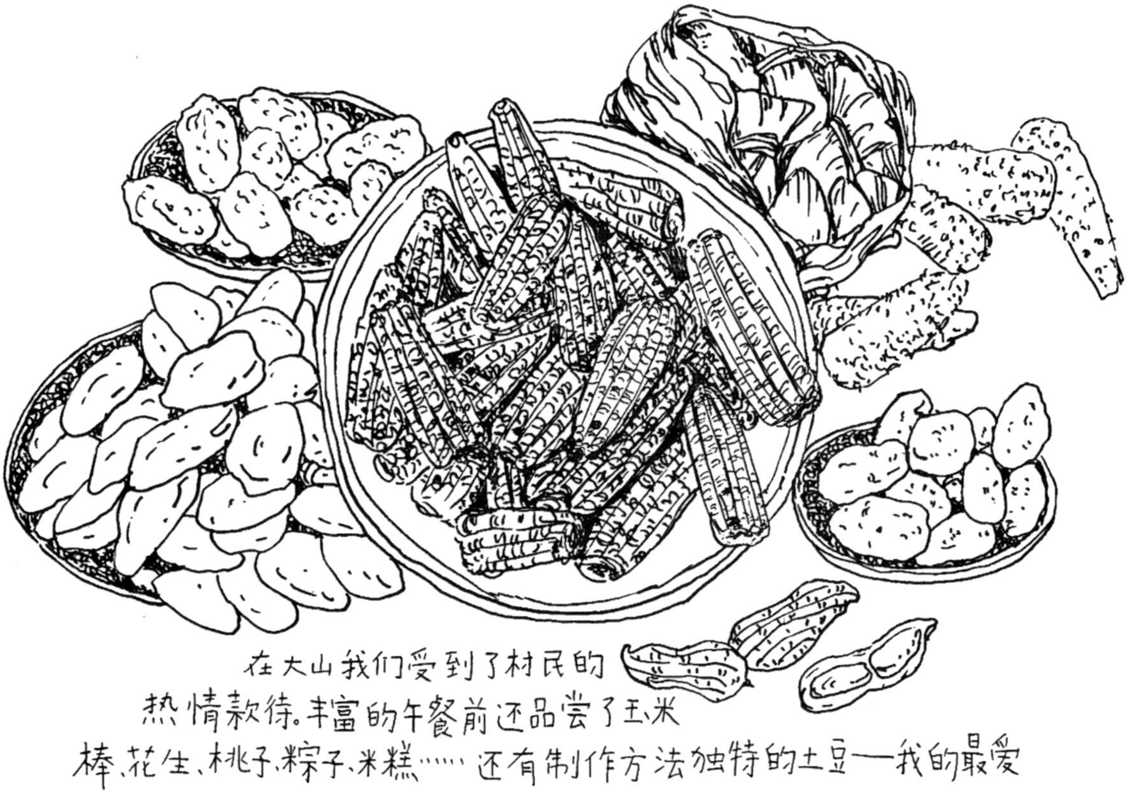
在大山我们受到了村民的
热情款待。丰富的午餐前还品尝了玉米
棒、花生、桃子、粽子、米糕…… 还有制作方法独特的土豆——我的最爱

02.11 大水坑村

溪口山路蜿蜒，九曲十弯，村落多以『坑』名之，如『大坑』『大水坑』『上洞坑』『下坑』『黄沙坑』『白沙坑』等等，由此可见山中多溪。曲涧缓处，水滞成洼，当地人呼之为『溪坑』。先民垦荒植谷，有灌溉之需，村落多滨水而建，亦因水得名。

破旧的老房子 _1
梁坤

大水坑村的民居 _2
摄影 毛朝晖

YANGBO
2020.3

大水坑村位于奉化区溪口镇境内，地处龙池岗深山大坑中，近岩溪源头，雨大水涌，故称『大水坑』，现并入界岭村。沿乡村公路从界岭村右拐而入，再行两千米左右即能看到大水坑村。

入村即可看到溪坑左边沿山坡而建的一幢幢房子，围墙和台阶都是用溪坑石头筑就，石头长着苔藓，四周围还有许多树木花草，远远望去大水坑村就像一个石头山寨。平时走惯了城市平坦的马路，到大山里体验一下乱石路别有一番滋味。我们穿村走巷，寻觅记忆中的乡愁。这里的一切都很宁静，只有溪水潺潺流淌的声音。越往村里走越荒凉，一路上偶尔遇到三五个老农在干农活。奇怪的是这个村子里鸡、狗都很少见，偌大一个村子寂静得很。转了一圈儿，在村子尽头又碰到几个老妇在淘米洗菜，一看表时近中午，她们在忙着做饭……

1 2 3

山里人家 _1
杨博

廊道上堆放的物件 _2
夏克梁

沿山坡而建的老房子 _3
摄影 毛朝晖

1 | 2

大水坑村的部分传统老民居同样面临着多年无人居住的命运 _1
摄影 毛朝晖

从摆放整齐有序的物件可以看出留守老人做事有规律的习惯 _2
夏克梁

大水坑村在二十世纪八九十年代最为兴盛，有七八十户人家，300多口人，小山村也很热闹。时过境迁，时代变化真快，如今该村一共只有十几个留守老人住着，他们都不愿离开故土。夕阳西下，黄昏降临，几位老人搬出板凳，围坐村口闲聊。背后的村庄，在暮色中陷入静寂……山村也许无法承载梦想，却可以成为心灵的归宿。

Go into Fenghua

学员作品

孩童时憧憬着长大后的自由，

长大后总想着小时候的快乐。

每个人的内心深处总有这样一份记忆：

『草长莺飞二月天，拂堤杨柳醉春烟。

儿童散学归来早，忙趁东风放纸鸢。』

如此一幅生机盎然、

意趣洋溢的画面怎能不让人梦萦魂牵？

2020年8月，我们带着对“梦里田园”的想象走进了如诗如画的浙东小镇——奉化溪口。几天下来，先后探访了岩头、石门、中华呑等古村落，也创作了大量的手绘作品。

踏入古村落的一刻，仿佛穿越到童年的旧时光，我们一再放慢脚步，不忍心惊扰这份静谧与祥和。蓝色的天，青色的山，灰色的桥，绿色的树，以及缓缓流淌的小溪，由褪了色的砖、石、木、瓦“组合”而成的民居建筑……这一切像极了莫奈笔下的风景画，色彩和谐，光影自然，安静祥和，浑然天成。原来，这个世界上的某些美，我们从未理解。这些历经风雨、静美如初的古村落，根植于优秀传统文化的土壤，蕴含着丰富的文化内涵与独特的环境营造理念，体现了先人对人文与自然环境相融合的深刻思考与不懈追求。我们热爱古村落，这里不仅是我们的家园，也是我们灵魂的栖息地。艺术家们试图通过手中的画笔画出美好与憧憬，留下记忆与乡愁。

青砖伴黛瓦 溪流绕苍山

胡其梅（安徽芜湖）

2020 年，注定是不平凡的一年。我们经历了新冠疫情的寒冬，也迎来了春暖花开。

在 8 天的写生活动中，我们每天跟着导师冒着酷暑，边走边画，走访了好几个古村落，各自用自己的方式记录着村居历史的变迁。这里的一草一木、一砖一瓦、农具与杂物都充满了生活气息，原生态的建筑和青石板路向路人诉说着过往兴衰。

给我印象最深的是在石门村里手工扎扫把的老爷爷家。老人家热情地接待我们一行，给我们端茶倒水，还把家里唯一的落地电风扇搬出来给我们吹，热心地用方言向我们介绍他家的民居：一楼有客厅、厨房、杂物间和老两口的卧房；楼上是孩子们的房间……还带着我们踩着吱吱作响的旧木楼梯上楼观看。孩子们已进城居住，楼上已很久没人住了，光线从楼板的几处破洞穿进来，更显幽静。我们小心翼翼踏着楼板，依稀看到布局精致的房间里面堆满的生活用品，看到这户人家昔日的富足。老人介绍，家里的经济条件还不错，只是他们习惯了这里的生活，不愿意随孩子在城里居住。老人家有种不舍故土的情结，也享受着恬静生活的安然。

万物皆可画，唯情难自述。这个团队，就像一个大家庭，我们互相鼓励、欣赏、帮助、学习。

太多的感谢不尽言表，我会把这次活动当作一个新的起点，把“边走边画”进行到底，也祝我们的“边走边画”越走越远……

梦里水乡 如诗如画

王兴华（江苏无锡）

2020 年的夏天有缘和来自全国各地的画友聚集在一起，参加“边走边画”第六季的走进奉化采风活动。这里民风淳朴、山清水秀，周围古村落聚集，岩头村、石门村等古村落风光秀丽。客栈老板毛老师热情好客，通悉书画。活动中我也结识了天南海北的画家及艺术爱好者。

古村落里的老房子多数是木结构的，且结构复杂、做工考究，蕴藏着中国古代工匠的智慧和高超技能。来自绍兴的傅老师说，这里离海很近，之前日本人来往此地较多，回到日本，他们模仿这里的老房子建房，因此很多日本的房子结构跟本地的很相似。

这里是竹子的天堂。竹家具、竹制品远销海外，遍布世界各地。竹编制品精致耐看，线条井然有序，活脱脱一个艺术品。我去石门村早市，一眼看中一个竹编菜篮，当即买下放上颜料、画笔等，拎起来走遍古村落，写生、拍照不亦乐乎。

到这里写生，不仅能提高自己表达古建筑的技法，更能与这里的历史和民风民俗有了一个零距离的接触。这里有毛思诚故、旧居，毛福梅旧宅，写生客栈几公里外的溪口蒋介石旧居以及周围山水环绕的美丽风光……此时，品着绍兴老酒，就着孔乙己饭店的茴香豆，剥开刚从地里刨出来的花生，嚼着香喷喷的金玉米，感觉这里就是世间的天堂！

2020.8.15
LANG JI ZL

热爱生活 热爱绘画

赵晨旭（吉林四平）

“晨钟方罢又暮鼓，旭日转瞬即夕阳。”时光流转，不经意间已至不惑，设计并不拔尖，绘画也不出众，唯有一颗热爱生活、孜孜以求的心。

“世界上只有一种英雄主义，就是看清生活的真相之后依然热爱生活”，这是一种超脱的状态，是一种以悲观垫底的执着。倘若我们的生命中有着某种执着，是十分幸运，并值得被尊重的。因为在强大的命运之神面前，它是我们生命力的象征，也是唯一的尊严！于我来讲，绘画就是这样一种存在。

幼年时就喜欢自己涂涂抹抹，在得到大人们鼓励后愈发努力，也曾立志报考艺术院校。虽未如愿，但绘画的习惯和那份热爱却一直持续到今天。就绘画的技术层面来讲，我还是相当业余的，但这丝毫不会影响到我的热情。这次我画的大多是古村落中一些烟火气十足的小场景，同时也在不断尝试和借鉴中国水墨画、钢笔画、马克笔画、插画、水彩画等不同的绘画形式。导师说：“不要去排斥任何一种绘画形式或风格，终有一天你会发现你的那些曾经的学习与尝试，都将对你现在所偏爱和习惯的形式或风格有所回馈及滋养……”

感谢“边走边画”给我们带来的这次深刻的艺术体验和古村落文化保护宣传之旅！祝“边走边画”越来越好！我也依然会热爱生活，热爱绘画！

BzouBhua - Fenghua

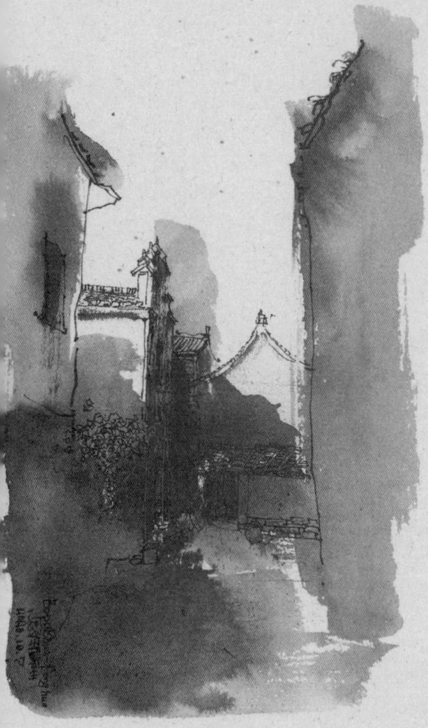

这是今天的第[illegible]张，[illegible]开始就有了一些感觉。
一[illegible]里一[illegible]的，天气[illegible]，但
[illegible]走了一些[illegible]的，当然
[illegible]天[illegible]不[illegible]，但我们[illegible]的。
[illegible]一下[illegible]
[illegible]这儿……
明天可以[illegible]一些，试试[illegible]能否
达到今天的状态……
加油吧!!!

遇见的人 喜欢的事

戴黎丽（浙江宁波）

人的一生都在遇见不同的人，难得的是一起去做喜欢的事。

2020 年夏天有幸和“边走边画”这个优秀团队来到奉化岩头古村写生。奉化岩头古村是蒋介石原配夫人毛福梅旧宅所在地，他的老师毛思诚的故居也在此地。我曾在几年前来过这里，重返旧地，感觉变化很大，许多老房子因年久失修，有的倒塌了，也有的已翻新。有很多人离开了当地，去了城里，留下废弃的老宅静静地守候在那里。

十天里走了奉化好几个村庄，中华岙、石门、栖霞坑等多个古村落，印象最深的是“大山”之行。这个村子未经开发，保存着完整的古村落景观，生活用品也都是一些老物件。拾级而上，一共才十来户人家，在村子里走走停停，一个转身就是一道美景。当地民风淳朴，村民热情好客。

艺术源于生活，写生就是表达生活的一种方式。村里的角角落落，阳光下斑驳的光影，随意堆放的杂物，长满青苔的老墙旧屋，充满勃勃生机的绿植，灶台里生的烟火……都可入画，我们用手中的画笔去记录这些生活中的烟火气。老师、同学们专心致志、全情投入，大家互相感染、互相帮助，就像回到了学生时代。

在一起的十天，我认识了许多志同道合的伙伴。对我来说，这是一次难忘的艺术修行，大大地提升了我的写生和创作能力。

Walking and Painting in Ancient Villages

Go into Fenghua

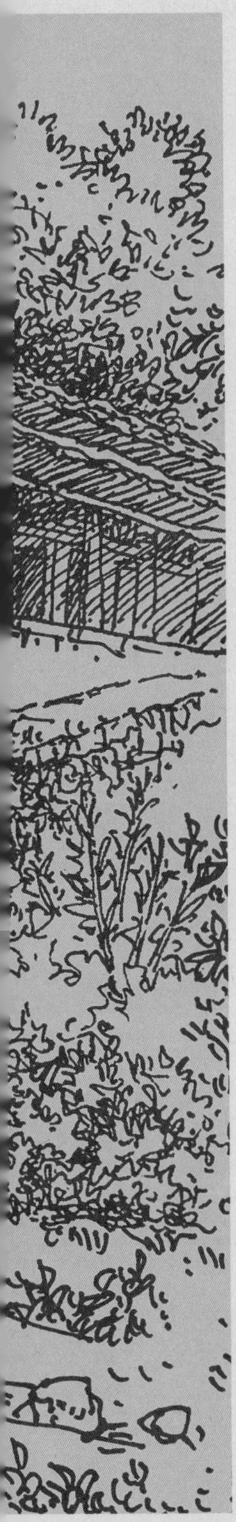

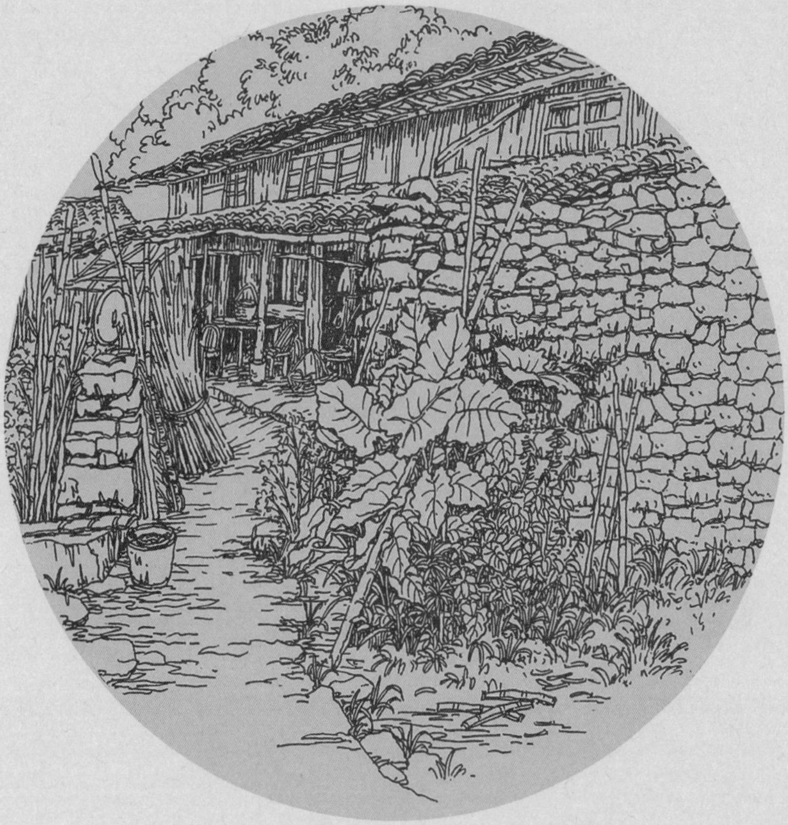

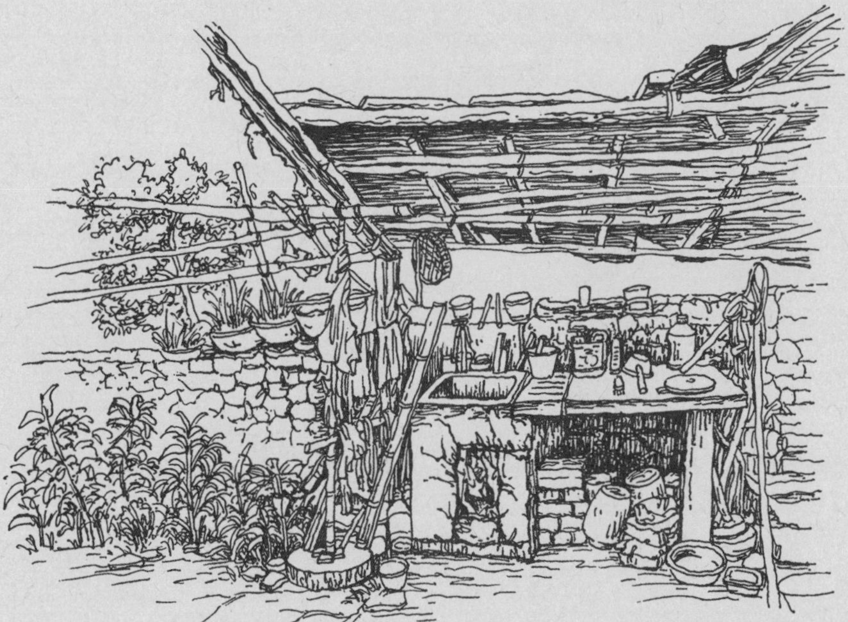

古村乡情

刘照国（河南焦作）

读万卷书，行万里路，再画万幅图。

这是属于 2020 的特殊一季，梦寐以求的奔赴，让我想到了那句“一切都是最好的安排”。古村，一个新鲜又恒久的词语，蕴含着今朝的建设又承载着悠悠历史。其迷人之处不仅在于建筑生态的留存，还有那些生活在古村里的人，正是他们的生活轨迹造就了古村。

第六季“边走边画”走进了奉化，一个山清水秀、人杰地灵的地方。岩头、石门、中华岙、大山等古村，依溪而建，生态自然，民风淳朴，溪中洗衣却能见鱼嬉眼前，于繁华而言犹如梦中桃源。我们就扎在这样的古村中，朝暮执笔，汲取营养。

善良的乡亲总是邀请拿着画具的人去家中画，虽然乡亲们的方言有些听不懂，但见到那些热情的笑脸、关注的神情、友好的行为、热情的邀请，就足以让人感到宾至如归。听不懂方言并不会阻碍我们的交流，表情、肢体所展示出来的热情让我感到无比温暖。白日里，我们置身古建筑之中边走边画；夜幕降临，看满天繁星，听蛙声阵阵。

这一场“边走边画”，不仅让我领略了古村的魅力，更重要的是使我结识了一群有趣的灵魂。在自然的洗礼中，许多的思考得到真诚的沟通和交织以待提升。
边走边画，不虚此行。

感恩这一次艺术之旅，感恩遇见的每一个人！

行画古村 授心有得

郭焱（河北石家庄）

岩头村、石门村山清水秀、土厚地灵、民风淳朴，衣有棉麻，食赖五谷，这样世外桃源般的朴素生活是城里人向往的。

这里多数宅子是木结构的，因而木匠在当地是很受尊重的。这主要是因为中国古代盖房子的工匠基本是以木匠为主，泥瓦匠为辅。

因为职业的关系我对古建筑的结构很感兴趣，偶尔会不由自主地用手拍拍柱身，听听老木头发出的声音。步入有 800 多年历史的石门村，第一感受是这里的人们有信仰，且宗教信仰自由，爱国爱教。在写生的民居院落里时而会听到优美的钢琴演奏的声音，怀揣好奇心的我走近一看，原来是几位老阿婆围坐在一起，快乐地唱着赞美诗歌，而演奏钢琴的是位 70 多岁的阿婆。

能够亲身感受自然，体验古村落，加之有志同道合的同行者互相交流，奉化的写生之旅是一次特别难得的学习经历，也是一次特别幸福的历程。

如果不来到这里，就不会感受到错落有序、户户相连的木结构房屋蕴含的振奋人心的力量；如果不来到这里，也很难感受到生活在这里的人们的质朴、怡然自得的生活方式。

“读万卷书”“行万里路”，都是升级设计“观”的途径。如果让我选择，我还是会选择“行万里路”。

奉化岩石古村
GUOYAN 2020.8.12

GUOYAN 2020.
8.13. 奉化石门

月是故乡分外明

傅瑜芳（浙江绍兴）

记得刚到奉化岩头村的那天下午，眼前的景色似曾相识。

走过那座叫广济桥的古桥，只身来到桥对面山脚下，脑海中浮现出茅以升先生说过的一句话：“桥梁是一国文化的表征。”奉化岩头村、石门村、大山村、栖霞坑村等古村落中，目前还有不少明、清时期，甚至更早时期留下来的古桥。这些古桥与溪流相映，古桥倒影横亘于溪流之上。轻风吹拂，鳞波微漾，溪水绕村而行，也算是奉化地区历史、文化的表征了。

古桥散布在各个村落，岩头村的大兴桥、广济桥，石门村的梯云桥，栖霞坑村的长安桥等千姿百态，历史悠久。它们不仅承载着深厚的美学意义，更见证着人类历史的变迁。

广济桥是岩头村现存风貌最好的一座古桥，桥之东堍有两棵参天古樟，“石泉”摩崖石刻距此仅十数米，桥上的字为清嘉庆、道光年间著名书法家毛玉佩所书，与广济桥一起组成入口区域最富古韵的景点。位于石门村村口的梯云桥，又称五联桥，由五座单孔石拱桥排列组成，是一座保存完整的清代建筑，桥身则皆由大小不一的溪卵石砌成，实为罕见，为一奇观！栖霞坑村的长安廊桥，属单孔拱桥，建于清乾隆年间，至今约 270 年。

每天经过那些古桥和古道，看到那些古建筑、古民居，不禁感叹中华文明的伟大，不禁对千百万古代杰出设计师和工匠们致以崇高敬意！

Walking and Painting in Ancient Villages

Go into Fenghua　二十三

乡村美景如在画中

江涛（江西南昌）

一晃而过的写生古村落活动已结束很久，但留在脑海里的记忆却很清晰。几天的写生，面对的是悠悠山林中生机勃勃的村落，体验的是人与自然和谐共处的画面，感受的是自己专注于画画儿这件小事的内心愉悦，收获的是志同道合的小伙伴间的情谊。

因为对古村落感兴趣，自己之前也去过许多省份的古村。而这次深入奉化的村落里，不再是以前快节奏的浏览，而是一次专注的沉浸式体验，是用眼、笔、手感受独具特色的乡土人情。

村里有很多人家仍居住在古香古色的民居中，这些未经现代化改良的民居深深吸引着我们。我们经常是扎进某个院子里，一画就是大半天，还会摸着门窗下的雕花窗柱，跟屋主人感叹：你这个院子真不错啊！屋主人会很高兴地附和我们，但是再往下讲我们就听不懂了，一场热情洋溢的对话慢慢止于语言不通的尴尬。哈哈！这里的风土人情、建筑，还有语言、文化等全方位的不同，等着人们去感受。

另一个大收获就是通过写生，锻炼了自己的手绘能力。白天在夏日酷暑中勤学苦练，晚上课桌前细细琢磨夏老师的系列课程。这可不就是身心双重的痛并快乐着吗?!所以，2020 年的夏天，盖章珍藏纪念！

也希望自己能一直坚持践行团队的精神——边走边画。

光荣之家

隐秘的角落

许一贤（福建厦门）

在 2020 年的 8 月份，我经历了一场特殊的旅程，远离城市喧嚣，走上了我们祖辈来时的路，去到那些渐渐被人遗忘的隐秘角落。

这里人迹罕至，那些像从地里长出来的老房子，让人感觉是一群未曾谋面却倍感亲切的老者。我们从岩头村的溪岸边走过，也走进大山去寻找大山村流逝的记忆，还经历过栖霞坑村小桥流水的时光……我们用画笔，记录下每一处的风景。

比起相机零点几秒的快门，在写生的时候，我们拥有了更多的时间去和这里的一切相处，拥有足够的时间去和它们交谈，去倾听这里的一草一木、一砖一瓦诉说岁月的故事。在这些逐渐被人遗忘的角落里，还留着先人与自然共生的情感和智慧。

记得陈丹青先生说过一段话："我非常喜欢画风景，但我现在绝对不能想象我拿了个小凳子出去在街边就开始画这条弄堂，我做不到了……整个都是一种被抛弃的艺术，胡同被抛弃了，这种艺术也被抛弃了……现在的人能看的东西太多……"

我突然觉得，我们为了功名利禄奔波在城市中，早已忘了祖辈在耕耘这片土地时的赤子之心，但也许那才是我们心灵获得平静的归宿。所以，那天我爬到山上，看到阳光洒在那一面已不完整的墙壁上，感觉那并不是被岁月带走的容貌，而是生命初生的模样。

岩头村 Oufu. 2020.8.

2020. 岩头村. Oufu.

石门村

行走中的再设计

李英杰（河北石家庄）

2020年注定是“不平凡”的一年，对于我来说同样也是。今年暑假我参加了“边走边画”奉化写生活动，开启了一次“真美合一”之旅。

“行画古村落，传统村落在时光的流转中逐渐被破坏，过去与现在被割裂，历史开始变得无处可寻。而我们，为了守住时间、留住记忆，通过手中的画笔去记录古村落，讲述经典传统民居。”梁漱溟曾提出“中国文化以乡村为本，以乡村为重，所以中国文化的根就是乡村”。这给我们每一位设计师都留下了值得深思的课题，如何用我们的方式，留住“根”……

活动中，我用画笔记录古村落的现状，并搜集了很多设计素材。在写生过程中，给我印象最深刻的是大山村——一座只有几十户人家的古村落，结合地形，依山而建，地势优越。大山村历史可追溯到清代，至今已经有300多年。这里海拔近600米，一年四季风景优美。

在栖霞坑村写生中，有一座长安廊桥，建于清同治初年，至今约200年。桥长18米，拱高5米，鹅卵石装点桥面，桥上有长廊可避风遮阳。写生回来后，我利用此场景进行图像转化，进行二次创作，结合解构主义和波普艺术，完成陈设装置。我想通过这种形式，让更多的古村遗物，走出大山，走进我们的生活。

“用一根线条去散步”，打开一种生活方式和生活状态，做“边走边画”的践行者，开启新的艺术设计之旅。

每座老宅，都可以是一座精神道场

王锟（山东潍坊）

从学生时代的写生、穷游到工作之后的长途自驾，古村古镇都是心底一份最宁静的渴望。直到走到她身边，触摸老宅、砖雕，仰望戏台、藻井，定格书阁光影，心里才算是有了落脚的踏实。可能虔诚的记录下来，就是最能表达我仰慕尊重的方式吧！

在奉化岩头村、石门村等几处古村落写生活动中，“边走边画”团队每天的作品交流在很大程度上改变了我原有的部分固定思维，使我不再局限于单一的对景写实，时刻提醒自己要学会在画面中重塑作品，体现设计意识，在深度观察了解对象的基础上，理性分析和感性创造并存。所有感兴趣的，都可以是素材，都可以在画面中乾坤大挪移，重新按照新的设计思路构建它们，“用在别处”或“另作他用”。随着日复一日地积累，素材的日渐丰富慢慢支撑起创作的随心所欲。安静地把自己的作品完成下去，每幅作品都努力做到和别人不同。艺术当然是由别人评判，别人也许不理解你，但在创作中遵从心里的愿望比刻意去追求个性和风格重要得多。最起码，这能让自己从画里看到安宁与平和，看到一些美善的东西。

每座老宅，都可以是一座穿越百年的精神道场，有关家园、有关守望、有关传承。希望“边走边画”的每个成员都能成为一颗种子，用最舒服的方式，影响更多的人。

浙江宁波奉化溪口岩头古村
2020.10.11
王锟

宁波奉化溪口岩头古村 2020.10.12
王银

宁波奉化岩头古村
二零二零年八月二十八(线稿)
王锟

迷雾

梁坤（上海）

从大山村回来，躲在电脑前面半实半虚地拼贴出来一户留守老人的小院子。虽不似老舍笔下被侵略者炮火摧残的废园那般的凄凉，在盖满绿色的屋子下却有着同样的落寞。有时候觉得社会的发展同战争一样残酷，被生计捣毁的村子更是无处哭诉。但无论如何，这满屋上下肆意窜爬的绿藤都是大自然的胜利。

破旧的门窗雕花，光华不在的瓷玉，或许在它们的时代是光彩伟大的事物，可是它们毕竟不在我们的生活里，我们苦苦追求的究竟也只是储存在博物馆里的一些记忆。

这个时代仿佛是生活在快餐盒子里的，方便快捷易吸收。学习成长是如此，工作生活亦如此。“外卖”让厨房成为摆设，“付费知识”让思考成为摆设，“旅行团”让远方成为摆设，“规范和图集”让设计成为摆设。现代人对实体生活的感受越来越弱，我们没有时间感受实体生活，我们不断被破碎化的超量信息轰击，被效率捆绑。

一片一片的山村、一幢一幢的民居把传奇固定在时空里，供人或远观或亵玩，这或许正是它们存在的意义和存活的希望。它们好像是先祖与天地对话的成果，我们把他们收藏在相机里，便以为自己也在与天地对话，并为此满足。谁能说高效率的体验不是体验，买来的知识不是知识?也许此刻的我仍然停留在大山里，一层迷雾将我困在废园中。

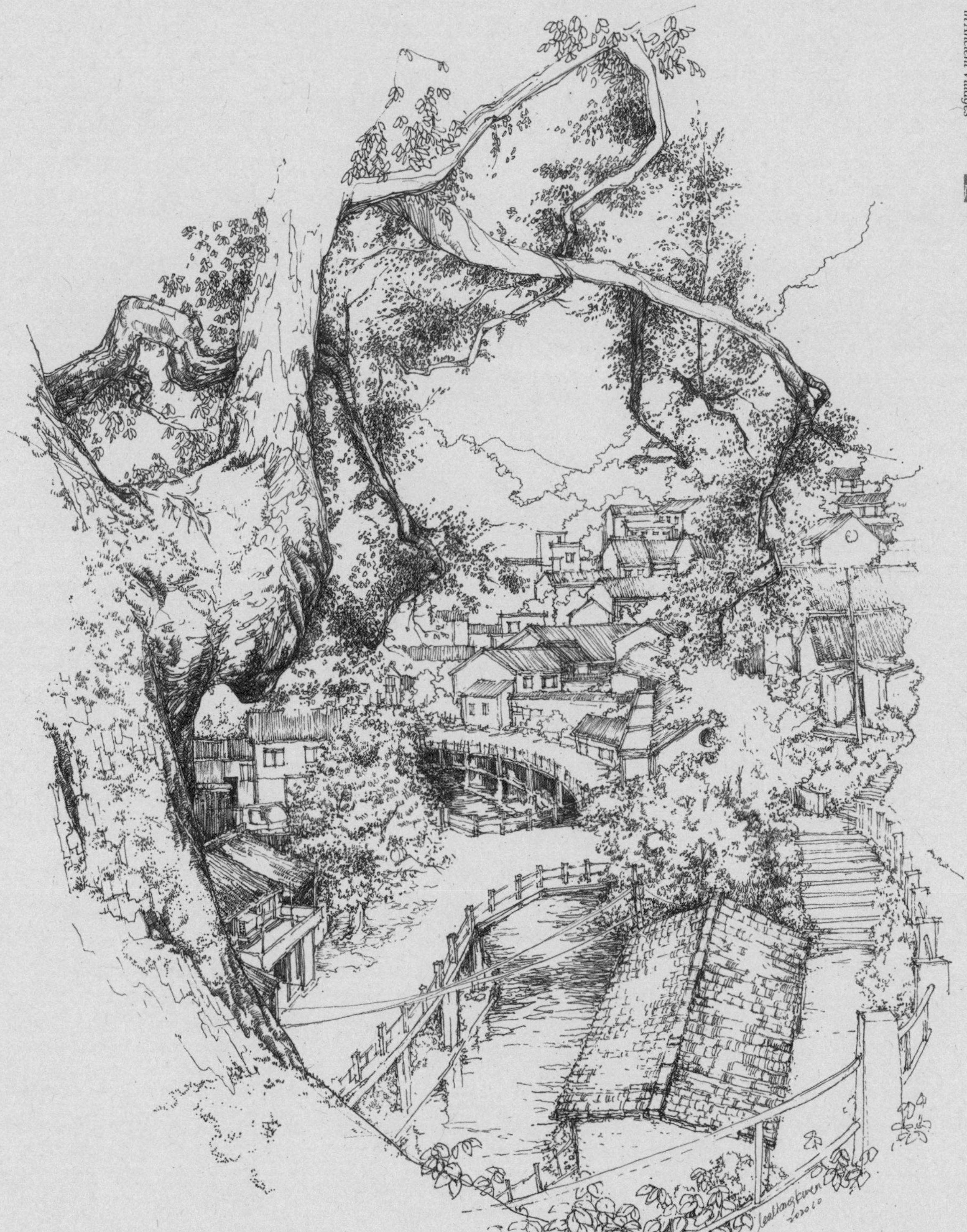

写生是心灵的独白

陈永斌（上海）

2020 年是很特殊的一年，新冠疫情之下，世界像是被按下了暂停键，我也因此“偷得浮生半日闲”，从上海跑到奉化很偏远的山村写生。自己是农村出生的，对于老房子自然也并不陌生，心底更是涌动着强烈的热爱。

行驶在奉化的公路上，处处是景，越往大山深处越美……太阳快下山的时候，我们来到了岩头村这个依山傍水的好地方。我们在村头的拱桥停了下来，老远就看到“边走边画”的队旗在晚风中飘扬，负责此次写生活动的老师热情地接待了我们。放下行李稍作休息，看着这静美的古村落，恨不得马上支起画板画上一幅，怎奈天色已晚，只能等明天再说了。

写生的头两天画得不是很顺利，连续画毁了两张画儿。以前做设计的时候，我们总是进行反复的、程式化的手绘训练，总是坐在室内对着电脑看图片“写生”，当真正置身于一个建筑、场景面前时，我却怎么也把控不了画面。之前所学的“套路”，在现场写生时很难用到，要么就画得太满，要么就是不懂取舍、面面俱到。

经过几天和师友们的学习、交流与互动，我绘画上存在的问题都得到了不同程度的改观，画面也生动起来……最重要的，“边走边画”让我学会了放下，学会了思考。

陈泳斌 10.29 奉化

物之有神，其貌难尽；外师造化，中得心源

袁华斌（福建厦门）

越来越多的艺术家、教师、设计师加入“边走边画”的第六季。我也有幸成为其中一员，拿起手中的画笔去描绘奉化的传统古村落、古民居、古建筑，让更多的人关注浙东传统古村落的现状、保护与发展，让子孙后代在历史的长河中，寻根可落脚，觅村解乡愁。

在岩头、石门、大山、中华岙、栖霞坑等古村落里，我们看到的是小桥流水、百年香樟、鸟叫蝉鸣、斑驳瓦房、吱呀木门……微风拂过枝头，漫山翠竹随风摇曳，湍急的溪流穿过百年村落，炎阳照耀着古宅，谁家的鸭鹅在溪边聊着闲嗑?几只苍蝇盯着院子里晾晒的咸鱼，猫、狗摇着尾巴巡视着往来的速写客，破败的民居建筑随处可见。每当见到这些场景时，我都会驻足凝视片刻，寻个阴凉的角落，用画笔记录这些即将消失的房子。

在村子里，时常能看到充满生活气息的杂物，村民随手摆放、堆叠。野花、杂草、竹椅、篮子、笤帚、簸箕、篱笆、箩筐、灯笼、屋瓦、门板、衣服、柴火堆……每每看到这些无序的场景，内心满是激动，喜欢这样的随意堆放，一切的漫不经心似乎都能成为创作的素材。

画完一幅，席地而坐，倚着门板，喊上一同的画友，相互讨教，好生惬意。短暂十日，晨露伴着清风，炊烟接着晚霞。夜深时，就着美酒和花生，谈论着最现实的艺术和梦想。

一寄于画，迁想偶得。

用画笔记录过去和现在，述说未来

张键（湖南株洲）

人在学习中前进，而学习无止境。

怀揣着对手绘艺术的热爱和不断追求，作为以设计师为职业的我终于有时间加入“边走边画”第六季的大集体，和来自全国各地的同学们齐聚在有着几百年历史的古村落。在这里，大家一起生活、一起学习，穿梭在百年老宅中。

我们白天走进村落去写生，晚上进行作业点评以及晚课分享交流。从这次学习交流中我体会到手绘艺术的表达多样性，以及思维创造性，等等。我们应该更多地去思考和分析，找到适合自己的定位和表达。

这里的古村落是淳朴的、友善的、充满人情味的。记得有一天我们几个在一座一百多年的四合院式老宅写生，房主人不仅热情接待，还把自家的狗关起来，不让它打扰我们画画儿，又给我们送了雪糕消暑……正是这一件件不起眼的小事，让素昧平生的我们很是感动。

我们在这里画画儿，记录着过去和现在的美好，诉说着每一个动人的故事。我们还组织了爱心公益活动，赠送当地小朋友绘画工具并教他们画画儿。这里，似乎连接了过去、现在以及未来。希望这些小朋友长大之后，这些房子依然还在，他们可以在这些老宅中回忆曾经年少的自己……

竹的自述

杨丽梅（湖南永州）

听着溪水潺潺、蛙声阵阵，闻着绿草的清香，看着山中薄雾，迎着初升的太阳，美好、崭新的一天开始啦！大家好，我是一棵小小的毛竹，我的家乡在被誉为“中国大毛竹之乡”的浙江省宁波市奉化区溪口镇，我是群山上、小溪边、房前屋后茫茫竹林中的一员。

我深深地爱着这片土地，尤其爱着分布于山水之间的一座座古村落。石门村、岩头村、中华岙村等古村落周围生活着许许多多我们毛竹家族的成员。这些村子大多依溪而建，群山环抱，郁郁苍苍。

那些老宅子上精美斑驳的花窗、雕工精湛的牛腿、木门上的老锁、褪色的红灯笼及种种古民居的老物件，记录着一个个久远的故事，又仿佛在等着主人的归来。嬉闹声似乎就在耳边，往日的繁华还在。这些，对于外地人来说，是历史，是艺术，是文学……而对于我们来说，是生活。

那些随意摆放的南瓜、在椅子上睡觉的猫咪、竹编的箩筐、竹制的椅子、新做的竹扫把、屋檐边绿色的植物、墙角的花儿，对于外地人来说，是乡愁，是记忆，是希望……而对于我们来说，是生活。

29

走进奉化 步步是景 处处是画

杨诺昕（上海）

2020 年的夏天是一个不一般的夏天，我们一行人拖着行李来到了宁波奉化岩头古村，开启了第六季“边走边画”之旅。

岩头村自然风景优美，群山环绕，一条清溪穿过村庄潺潺而下。流水冲刷着溪涧的石头形成天然的乐章，一幅长卷映入眼帘，美不胜收。这里有蒋介石的原配夫人毛福梅的故居，也有他的老师毛思诚的故居。感叹物是人非之余，关注更多的是那些年久失修甚至破败的老房子、倒塌的墙垣。每次经过都会驻足停留，想象着这里曾经生活过的人、曾经发生过的事……

8 月正值酷暑，天气炎热，但是大家画画儿的热情不减。为了避开最热的时候，我们早出晚归，去感受着这个宁静而美丽的村庄。每天最开心的事情就是一行人边走边画，探索村子的趣闻乐事，累了就聊会儿天、打会儿趣；晚上回来，大家各自交流白天的收获和心得，画着画着又到了凌晨。

我们这一期走过的古村落最多，岩头村之后又去了大山村、石门村、中华岙村、栖霞坑村等十几个古村落。不得不说奉化真的是个人杰地灵的好地方！从村民的朴实、善良、热情也能看出他们生活得很幸福。

时间过得很快，行程慢慢接近尾声，大家都感慨：好像才刚认识怎么又要分开了！不过这只是一场别离，这次的活动把我们的心都凝聚在了一起，因为我们有了共同的爱好和目标：边走边画。

手绘岩头 写意奉化

李曌凡（广东惠州）

“边走边画”对于我，是对“诗与远方”的践行。

浙江奉化的古村落都是依山而建，伴水而居。一条条小溪在村庄的中间或边缘穿流。水道清澈见底，小鱼在水中活泼地游动，鸭子有时也会到溪水中嬉戏。山中葱郁的竹林带来了一丝清新。黑瓦石墙，青石铺路，斑驳的院墙，古雅而宁静，村中的木雕、石雕展现出村民的才华。这里的景致恰似陶渊明笔下消失的“桃花源”，亦是悠然自适的“田园居”。

8 月份，每日面对着酷暑烈日的咄咄逼人，我的思绪却总能沉浸在画中，对于我，画画是一种享受。从小就痴迷于绘画，喜欢笔尖与画纸触碰的那一瞬间；喜欢画笔在纸上勾勒出的圆润的线条；喜欢在描绘大自然时，让心性在图纸上绽放。画面总能蕴含着我的思绪，也总能反映着我的情感，它让我远离世俗，进入平静美妙的世界中。

幽幽的古巷、沧桑的石板、精致的石拱桥……古村里的一切都是光阴的记忆，我喜欢在绘画中去探索它们曾经的面貌、往日的秘密；我喜欢用绘画记录我“在路上”的景致，这是我对于自己曾经走过的任何一个远方的怀念。

此时，风吹散了故事，雨雪封锁了道路，而我的心却仍然徘徊在奉化的青山绿水中，我的思绪仍然踟蹰在岩头的小桥、流水、人家之间……

行行重行行

毛夏莹（浙江衢州）

2020年8月，一群有趣的人在奉化相遇，结伴而行。

初到岩头村，我们沿着稍宽的马路走了一圈儿后才得知，这个村落距今已有600多年的历史。这里群山环绕、翠竹连绵、溪水蜿蜒，一栋栋老房子“悠闲”地散落在山水之间……我尤其喜欢小溪里排着队前进的鸭子、路上晒太阳的狗以及承载着数百年回忆的老房子。

石门村老宅的院子采光真好，傍晚和清晨的阳光最为温柔。老人们会早早起身把衣物和腌制的食物晒在院子里，诱人的样子让我好像闻到鱼干在锅里加热时散发出的香味……

我是一个对乡村有情怀的人，也习惯了用社会美育的实践方式来对待一个村落。这里的村子、村里的房子、房里的一家子、一家子间的酸甜苦辣，故事每天都在发生、延续。而我热衷的是倾听和记录，用画笔去记录修补过的瓦片、被一日三餐熏黑的烟囱、爬满植物的小白楼、竹竿上满满当当的丝瓜……

这不仅是一次写生，更是一次我与空间的对话。这次我选择友好和平，而不是非要去改变什么。人这一生需要努力去创造物质，来取悦自身与家人；而同样或更为重要的应该是学会通过经历、书本、兴趣、行为等等来构建自己独有的思维方式与信念，来取悦更高层次的“人”本身。参加“边走边画”对我而言意义非凡！我珍惜绘画、记录与创作的过程；享受自己在这个空间里不断探索与找寻时的精神状态；难忘在这方土地上，收获的一些人与物之间的温度和联系。

“边走边画”第六季成员

夏克梁 | 胡其梅 | 王兴华 | 赵晨旭

戴黎丽 | 刘照国 | 傅瑜芳 | 江涛 | 许一贤

李英杰 | 王锟 | 梁坤 | 陈永斌 | 袁华斌

张键 | 杨丽梅 | 杨诺昕 | 李曌凡 | 毛夏莹

郭焱 | 唐靖 | 鲍尧君等

厨房一角
江涛

更多成员手绘内容
请关注“边走边画”公众号

如今的大水坑村露天粪坑早已成为历史，房前屋后更是干净整洁，蚊虫、苍蝇难觅踪影，小超市、卫生所近在咫尺，石屋里的装饰别有风味……

古村落的环境已逐渐得到整治和改善
杨诺昕

古村落是我国数千年农耕文化的结晶，具有悠久的历史和深厚的文化底蕴，既包括各类建筑、桥梁、庙宇、村落规划、名木古树等物质文化遗产，也蕴含各类民风民俗、传统节日、民间信仰、传统技艺等非物质文化遗产。

走进岩头村、石门村

03

1 2

岩头古村 _1
摄影 鲍尧君

溪口千层饼 _2
向俊

03.1 团队『边走边画』

1 2 3

繁华的传统老街 _1
向俊

希望通过画笔留住乡愁、留住记忆 _2
王兴华

对居住过老房子的人们来讲，相信那一段时间必定是一段挥之不去的记忆 _3
摄影 夏克梁

03.1.1 团队简介

“边走边画”是一个以古村落为主要描绘对象的民间绘画组织，始建于 2015 年。他们以钢笔画、马克笔绘画等形式与中国传统民居文化相联系，借用手中的画笔将正在消逝中的古村落记录下来并展现给公众。

伴随着城市化进程而来的现代生产科技、建筑材料、设计理念的进步、发展和改变，现代主义建筑风格的不断侵蚀，以及人们对物质生活的追求、文保意识的缺失等等因素，直接或间接导致了中国越来越多的村落正趋于同一化，千篇一律、缺乏美感的民居建筑充斥于各地乡间。越来越多的、极具地方特色的古村落正遗憾地渐渐成为人们心中的乡愁，永远地消失在人们的视野……

1
2
3

多年来，我们走南闯北、跋山涉水，走过了很多传统古村落 _1
摄影 夏克梁

福建桂峰村也是“边走边画”第二季选择的写生地 _2
摄影 夏克梁

我们想通过画面来引发人们对古村落的关注 _3
向俊

『边走边画』里有这样一群人，他们从艺术角度入手，发掘传统文化精髓，对特定时间内的地域建筑文化加以记录、传播，让人们了解、认识、感受我们的传统民居文化，同时也为古村落的研究提供了相关资料。他们每年都会在国内选择一处具有历史、文化价值及鲜明地域特色的古村落展开主题写生创作活动。他们曾经走过的古村落有：河北省邢台市太行山区的英谈古寨，浙江省丽水市松阳县枫坪乡的沿坑岭头村，福建省三明市尤溪县的桂峰村，浙江省温州市文成县的雅庄村和桂竹村，浙江省嵊州市的崇仁古镇、华堂古镇和小昆村。2020年8月的浙江省宁波市奉化区溪口镇的岩头、石门等村落是『边走边画』的第六站。

“边走边画”里有这样一群人，他们以绘画为媒介，在团队导师的带领下写生、学习、交流。成员中有艺术家、建筑师、设计师、教师、绘画爱好者等，大家虽然职业不同，画风不同，也来自不同的地方，但相同的是大家都热爱绘画，通过几天的学习、交流也都会有不同程度的进步。流连于怡人的古村落中，溪水潺潺、花香阵阵、泥土芬芳、微风拂面，置身于静谧的往日家园，沉浸在纯净的绘画世界，远离城市的喧嚣和浮躁，内心安然、享受……

1 | 2

我们因喜欢古民居，喜欢用钢笔和马克笔作为绘画工具才走到了一起 _1
摄影 王兴华

导师现场写生作品 _2
夏克梁

『边走边画』里有这样一群人，他们在描绘古村落的同时不忘社会责任，每次深入古村落开展写生活动时，都会举办爱心公益活动。他们会向孩子们赠送马克笔、速写本等绘画工具，并且手把手教孩子们画画儿，引导孩子们体会艺术的美好，让他们学会用手中的画笔，描绘自己美丽的家乡，发现并留住身边的美，同时也为保护古村落撒下了希望的种子。他们有时还会为村里的贫困、孤寡老人和留守儿童捐赠慰问金，使他们感受来自社会的温暖。

1 2 | 4
3

团队中有大学教师，也有从事基础教育的老师，他们都善于、乐于教山里的孩子写生、画画 _1
摄影 夏克梁

每一季的活动期间，我们都会为村里的孩子送去画具 _2
摄影 夏克梁

来自第六季成员的作品 _3
袁华斌

来自第五季成员的作品 _4
杨博

“边走边画”是一群人，是一个团队，更是一个平台。他们目前已经在北京、哈尔滨、南京、郑州、重庆、石家庄、济南、合肥、广州、长沙、厦门、澳门、台湾等近 30 个城市和地区设立了分社，并定期组织古村落写生活动。他们也与各地的多家民宿签订了战略合作协议，今后将为“边走边画”成员提供优质的学习、交流、创作环境。随着分社和战略合作的增加和扩展、社会影响力的逐步扩大以及地方政府的大力支持，势必会对相应古村落的地方经济发展产生一定的推动作用。他们在每次写生创作活动结束之后，会将部分优秀作品以及相应古村落的文字整理成册，出版发行，目前已经出版的有“边走边画系列丛书”之《边走边画 · 英谈古寨——走进太行古村落》《行画古村落——走进松阳》《行画古村落——走进文成》《行画古村落——走进嵊州》。今后还将以展览的形式将成员的优秀作品呈现在公众面前，在供历届成员学习、交流之余，也为宣传古村落保护工作提供了一个载体。

『边走边画』，他们见证历史、记录历史，关注社会、回报社会，传递爱、播种美，他们游走于过去与现在，穿行于乡间古道、山林竹海，边走边画……

1 2

我们继续穿行于乡间古道 _1
摄影 夏克梁

我们继续边走边画 _2
褚定华

2020 年 8 月，“边走边画”第六季来到了浙江奉化，石门村、岩头村、大山村、中华岙村等村落是本次的主要写生地。这些古村落位于奉化溪口镇境内，至今都已有数百年历史。青山、翠竹、石桥、石路、老宅、古树以及那朴实的民风，无一不在向我们述说这里的故事以及正在发生的一切。

03.1.2 第六季活动介绍

本期团队有新成员１８人，外加特邀的往届成员及团队组织老师，一行共２０余人。他们来自全国各地，北至北京，南至云南，汇集了近１０余个省份的艺术家和绘画爱好者。他们中间有的是美术工作者，有的是高校教师，有的是设计师，也有的是企业高管。

1 2

2020 年 8 月，我们走进浙江奉化 _1
摄影 夏克梁

奉化岩头村民居 _2
杨博

入口
Painting While Traveling

成员们在这次写生过程中，充分发扬了乐观向上、吃苦耐劳的精神，日出而作，日落却也不急着休息。每天天刚亮，大家就起来了，匆匆吃过早饭，就带着画板、画笔和纸“散落”于巷道、桥头、屋檐下、小溪边进行写生和创作；晚上，大家回到驻地后又聚在一起，继续画画儿、讨论，直至深夜。尽管奉化当地夏季的气温很高，但大家不惧酷暑，头顶烈日，专心画画。活动的最后一天，大家将各自的写生作品全部集中放置在毛思诚故居院落内部的地面上时，那场景像极了在地面上铺了一层掺杂着黑色线条的雪！

1 | 2 3

“边走边画”第六季全体成员在毛思诚故居前合影留念 _1
摄影 自拍

“晒秋” _2
摄影 夏克梁

最期待的莫过于这一刻 _3
摄影 夏克梁

2020.08.02

每一位成员都在用心地记录着他们看到的一切，
感受着它经历的岁月，
感受着它的美。

成果 向俊

由于新冠疫情的影响，第六季还是遇到了不少困难的，在团队组织者、团队成员以及社会各界人士的共同努力下，最后还是克服了重重阻力，如期举办。现在，奉化写生活动虽然已经结束，但“边走边画”公众号每周一期的团队成员作品推送却一直在持续，“全国首届古村落手绘艺术大赛”也在进行中，“边走边画系列丛书”之《行画古村落——走进奉化》也与大家见面了，而团队已在去往下一站的路上……

| 1 | 2

古村落的一山一水、一房一物都是我们的素材 _1
夏克梁

每一次，我们都要将优秀作品编辑成册 _2
袁华斌

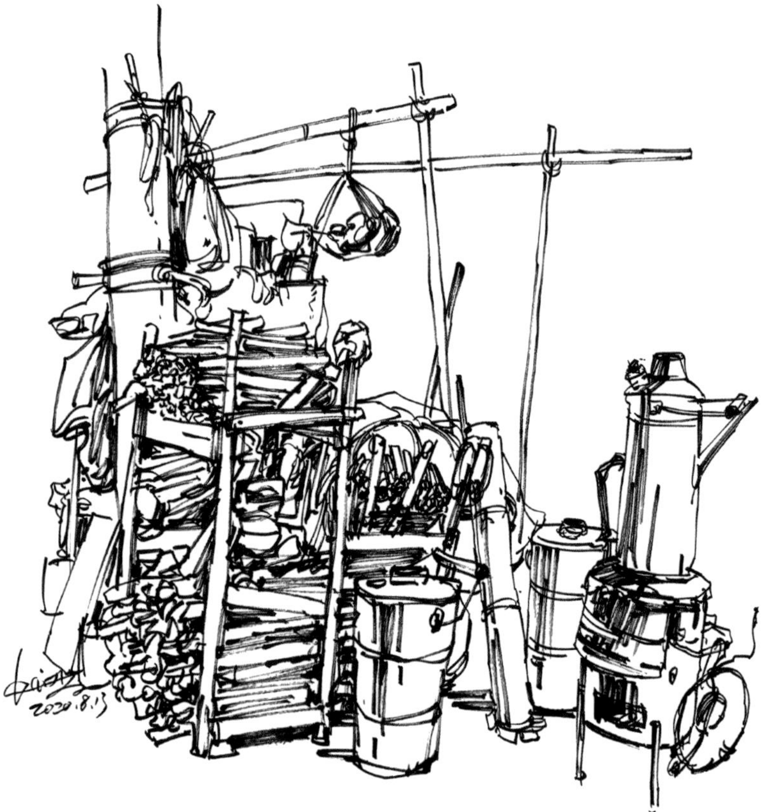

岩头村 03.2

岩头村全貌
摄影 刘照国

03.2.1 岩头村概况及传统民居建筑特点

岩头村是宁波市奉化区溪口镇内的一个古村，明代建村，至今已有６００多年历史。全村有７００多户人家，３０００多人口。经济作物有雷笋、杨梅、水蜜桃等。岩头村还被评为『全国首批古村落』『浙江省历史文化名村』『宁波十大古村落』『国家３Ａ级景区』，离奉化市区２５千米左右，交通方便快捷。

没有到过岩头的人，不知道这里有多美；而到过岩头的人，都会感到这里的风景和民国风情像一块磁石，你会被牢牢吸住，想要挣脱也难。

岩头不仅风光秀美，而且人文景观殊胜。古村处于天台山余脉，南依象山，北傍狮山。相传古时有一狮一象争夺这块风水宝地，后被如来佛收服，化为两座秀山。东西走向的一条岩溪横贯而过，溪上架着四座石桥，桥身都用重达半吨的整块条石铺成，桥栏上雕有各种造型逼真的石狮子……整个村子被包围在青山秀水中。

1 2 3

多种民居形态并存是岩头的一大特点 _1
向俊

岩头的溪水是整个村庄最迷人的 _2
摄影 夏克梁

沿溪而建的岩头民居 _2
杨博

1 2

民居、岩石和石桥是岩头三大主要元素 _1
张书山

岩头是毛氏聚居地，距今已有 640 多年的历史 _2
许一贤

提起岩头的人文历史，那该从毛氏第八十九世孙毛旭说起。唐朝末年，浙江江山石门镇清漾村人氏毛旭，随父亲来庆元（宁波）赴任。最后，毛旭见大雷山麓、石溪之畔有一方山水奇秀、土厚地灵之地，遂定居下来，并移地托名亦称“石门”。毛旭成了江山毛氏定居奉化的始祖。岩头建村自明代开国时期的洪武三年（1370），毛旭经十四世孙毛宣义，由石门迁杨墅，辗转到岩头定居发族，这里始成毛姓子民繁衍生息的聚居地，距今已有 640 多年历史。因为剡溪支流岩溪，由南往北穿村而过，潺潺北流，岩头古称“岩溪”。

岩头古村乃毛氏血脉传承之地，而村落格局恰恰呈『毛』字形，这又是值得一书的人文奇观。村南端的螺潭桥，因势斜建，略呈东北—西南走向，它是『毛』字开笔的一『撇』；村中央的大兴桥和永宁桥，分明是『毛』字的二『横』；由南至北注入的岩溪，穿越三桥，在村北形成了一个美丽的弧度，那是『毛』字的一个『竖弯勾』。三桥一水，书写出一个硕大无比的『毛』字，构建了一座毛氏村落。它是先人刻意为之，还是无意间的偶然巧合，一任今人猜度。

1 3
2 4

岩头的自然风光 _1
摄影 夏克梁

岸边的古树 _2
张键

村口的小店 _3
王兴华

村中的民居建筑 _4
杨博

岩头是一个重教兴学、书香兴盛的文化古村。历史上，岩头举人、秀才迭出。清末最盛时，一村之中私塾学馆就达七八家之多。岩头村还出了一个“父子登科”的故事。清时村人毛锦程父子两人上京赶考，双双中榜。父亲考取文举第十七名，儿子考取武举第十五名。此事后来被传为佳话，现在奉化人酒令里还有一句“父子登科”的谐音叫法。清代嘉庆年间的书法大家毛玉佩，是岩头文人的一个杰出代表。至今，村内许多旧宅厅堂里，往昔的一张张捷报，依然历历可辨，它们郁郁显露着儒雅之风，勃勃昭示出文脉的昌盛。进入民国，师范和军校学子更是层出不穷。

岩头虽小，却从这里走出了不少名人
夏克梁

20200615

岩头又被专家们称作浙东山区民居的“露天博物馆”。建于清末民初的古民宅，以江南特色的三合院居多，遗存数量可观，保护较为完整。江南建筑风格浓郁的“马头墙”，在岩头随处可见，许多还是“五岳朝天”。它们不光在南方民居密集处起着隔火挡风作用，还因其节节向上、崇高峻峭的建筑之美，表露着主人盼高升、求富足的朴素情怀。另外，一些民国初期营造的民宅，开始出现“观音兜”、拱形门等形制，这不同程度上是受到西洋建筑风格的影响，也不失为一个时期的代表性建筑。

1 2 3

岩头的建筑形态多样 _1
向俊

岩头历史悠久，除了部分保存较为完整的传统院落，也夹杂着为数不少的现代砖混民房 _2
摄影 夏克梁

岩头的传统院落 _3
张书山

难能可贵的是，岩头的多数旧宅大院，至今依然是老少咸集、融融一堂，充盈着人间的脉脉温情。它向当代人们完整地展示出传统的、原汁原味的人文生活空间和场景。即便是一些走向荒废、无人居住的古旧空宅，因为粘贴着一张张泛黄的捷报，因为遗留着一处处精巧的建筑构件，同样显耀着书香余韵、生活气息。

沿溪西岸保留了很多完整的旧宅大院
许一贤

1901 年冬，溪口镇少年蒋介石与岩头村姑娘毛福梅结婚。因为岩头是蒋的发妻老家，因为蒋曾在岩头老街上的毛思诚私塾上过学，因为……岩头村至今依旧遗存着大量的民国时期历史信息和原物。所以，很多研究历史的人们称岩头村是不可多得的研究、了解民国春秋的“活化石”，堪称“民国第一村”。时至今日，整修如初的国民党空军副司令毛邦初旧居、蒋介石原配夫人毛福梅旧居、蒋介石最敬重的私塾老师毛思诚故居，与世代相传的岩头烟霞民居相得益彰，娓娓述说着渐行渐远的故事。

1 2

雨中的岩头 _1
摄影 杨博

岩头村民生活百态 _2
毛夏莹

1 2

堆满杂物的廊道 _1
夏克梁

民居室内一角 _2
向俊

从那些古宅中走出，拐过清亮而幽静的小巷，现时的生活就在宽阔的西街流淌。街巷洁净，村上的人都显得悠闲自在，尽管也是上了年纪的人居多，但他们都给人一种幸福感，那份从容淡定，那份不恐惧生，也不恐惧死的情态，让我们心生愉悦。相比别的村庄，这里有让我们很少能体味到的那份生活的惬意。站在岩溪岸边，看着淙淙流去的溪水，看着东街与西街完好的古街、古巷，看着巨冠伸向岩溪的、碧绿的栲树，望着远处狮子山黛绿的山峰，让人不禁感叹这真是一个福地！

黄昏，金灿灿的晚霞洒满了岩溪两岸，村庄升起缕缕炊烟，伫立在桥边，不由想起毛思诚的诗篇：“螺潭布月凉生袖，象麓穿云翠印鞋。回首清游成昨梦，他年重拟与君偕。”

1 2

古巷 _1
摄影 夏克梁

岩头小院 _2
毛夏莹

过广济桥，由北往南进入村内，我们首先走的这条老街叫“西街”，因修筑于岩溪西岸而得名。历史上，西街的商贸虽逊于对岸的东街，然而崇本堂、报本堂、钱潭庙、存善局等许多乡村公共建筑则多集中于此。钱潭庙以前是岩头古村的宗祠，始建年代较早，现存建筑为清代重修，依山而建，格局独特。

03.2.2 岩头村的主要建筑

1 | 2

岩头历史悠久，自然会留下一些重要的建筑 _1
摄影 鲍尧君

西街建筑上雕刻精美的花窗 _2
王锟

1 2 3

东街临溪依山而建 _1
摄影 张书山

东街老式理发店中仍在使用的理发椅 _2
向俊

岩头东街昔日店铺林立，热闹非凡 _3
向俊

岩头的东街临溪依山而建，清末至民国的全盛时期店铺林立，买卖兴隆，中药铺、打铁铺、肉铺、布庄店、豆腐店、米店、木作店、南货店、咸货店、钱庄等多达３０余家，可谓奉化西南山区第一街。如今，这条商业街的建筑风貌依然，古风商业气尚存。我们由南向北漫步这条古街，依次有千年不竭的『古井灵泉』『毛思诚祖居』『旗杆闾门』『筏埠旧址』等景点。

旗杆阊门为清嘉庆年间以喜作擘窠大字、名闻江浙两省的书法家毛玉佩的故居，因门前竖有登科旗杆而得名。乾隆年间岩头毛氏十五世孙毛安江、毛安沛兄弟，道光年间毛安江之子毛革质三人相继中举，人称“兄弟父子侄登科”。一门之中出了一位书法家、三个举人，成为书香门第。在旗杆阊门不远处，有岩头筏埠旧址。当年，长篙一撑，输出去的是毛竹、木材、柴和木炭等，运回来的是食盐、大米、棉布和药品等山区短缺物资。很长一段时期里，岩头行旅不绝，商货聚散，热闹非凡！此外，村内还有许多建筑，如：老屋阊门、玉房、三裕堂、上堂前、仁房、廿四间走马楼、中三院、下三院、三道阊门、瑞房、毛景彪故居等。众多胜迹令游客流连忘返。村口矗立着一座重檐歇山顶的四柱石牌坊，黑色琉璃瓦顶，额书“岩头古村”，柱上镌刻楹联：“民风厚文坛书苑名人原籍地，山水灵两蒋塾师经国外婆家。”

1 2 3

在岩头，普通的一间老屋，就可能是某一名人来过或住过的地方 _1
夏克梁

村中小巷 _2
杨博

石堆中的海芋 _3
胡其梅

走在岩头村青褐色石板铺就的东街，一眼望不到头，让人感觉巷道是那么悠长。过了永宁古桥右折一下往东街走，不远处，一幢三层高楼就在眼前，这就是蒋介石启蒙老师毛思诚的故居，紧临的是他家的祖居。毛思诚的祖居俗号“仁昌”，也称“元宝闾门”，系晚清建筑，由毛思诚祖父所建。前厅后堂，重檐歇山顶两层楼房，其二楼东首铺有米许宽的石桥，可通后山私塾。

毛思诚故、旧居

2
1

毛思诚故旧居主入口 _1
向俊

毛思诚故旧居第一进院落 _2
张键

毛思诚故、旧居有赭石垒砌的墙基，墙基之上是烟色的砖墙。后来我们才知道，毛思诚的祖父拼尽一生汗水，借山势造成了这幢屋舍。这样气势的墙基也许是毛的祖父有意为之，它是一种无言的家训，有着丰富的象征意味。我们用手仔细地抚摩着那赭色墙基，或许是因为头天的细雨，抑或秋露，那一块块赭色基石都是光滑的，湿漉漉的，似乎泛动着岁月的光泽。在那儿，我们待了足足有一刻钟，好多复杂的情感之门被徐徐打开。

1 2

毛思诚故、旧居的厢房 _1
摄影 夏克梁

毛思诚故、旧居雕刻精美的窗臼 _2
王锟

2021.01.31

毛思诚故、旧居两个庭院之间的过厅
向俊

推开虚掩着的大门，拾级而上。前面的厅宽敞些，厅的木壁已显出岁月久远的印迹，壁上的字迹已剥落，但依稀可见关于毛思诚的那张捷报，笔墨厚重，让人觉着庄严与肃穆。这个村庄像许多名震江南的古村一样，崇尚耕读，因而，捷报总是时不时随着喧天的锣鼓声被张贴在光耀毛氏宗族的门楣上。穿过前厅就来到后堂，前厅与后堂之间是一个长方形的巨大的天井，天井两端各放着一张青石圆桌，四张石凳。几扇窗棂的基座以及木插销都极为考究，基座是精湛的木雕，可以想象毛思诚祖父依靠在外打拼换来的殷实家境。

1902 年，少年蒋介石曾在此就读，师从毛思诚。如今祖屋内仍陈列着蒋介石当年读书处的摆设。教室壁上悬孔子画像，室内摆着课桌、椅子，黑板边放着摇铃、美孚灯等教学用具。

1 2

毛思诚故、旧居大门外堆放的旧家具和杂物 _1
张书山

毛福梅旧宅主入口 _2
吴冬

毛福梅旧宅

这是一处幽深的小院，门匾上写着『素园』两字，古朴典雅。两扇虚掩着的木门，也朴素得没有任何雕饰。跨过门槛，见到灰白的砖墙，仿佛一道屏风。

1	3
2	4

毛福梅旧宅宽敞、整洁的庭院 _1
摄影 夏克梁

毛福梅旧宅是一幢三合院式的传统建筑 _2
向俊

毛福梅当年使用过的旧家具 _3
摄影 夏克梁

毛福梅旧宅的门窗花板、窗臼和门闩 _4
胡其梅

毛福梅旧宅是一座拥有五叠马头墙的晚清建筑，三合院式两层楼房，正屋三开间两弄，中为厅堂，右侧大房即为毛福梅居所。考究的橙红色的千工床，依然能显示出毛家的富庶，叙述着远去的岁月中父亲对女儿的庇护与厚爱。

1901年，19岁的毛福梅嫁给比她小5岁的蒋介石，婚后育有一子，因丈夫常年外出不在家，她常常带着儿子经国辗转于溪口夫家和岩头娘家之间。外祖母对外孙关怀备至，蒋经国曾感慨道："生我者溪口，养我者岩头。"今按原貌陈列毛福梅当年的生活用品，又是人去楼空，物是人非。

奉化毛福梅旧宅的门窗花板、窗臼和门闩

文化禮堂
毛邦初旧宅
Mao Bangchu's Former Residence
毛邦初旧宅
毛邦初旧宅
Two Bridges

毛邦初旧宅

村口不远处有座建于1931年的三合院，东西厢楼，四面回廊，前后二进，小青瓦顶，粉墙高耸，被雅称为『慰望庐』。它是当年『国民政府参谋本部空军司令部副司令』毛邦初的旧宅，现为奉化区重点文物保护单位。

1　2

毛邦初旧宅如今已成为村里的文化礼堂 _1
摄影 毛朝晖

毛邦初旧宅外观 _2
张书山

铁制的门环，一支铁制的销子拴着，一把硕大的锁挂在铁环上，远远地不经意地望去，一定认为上了锁，近看才知门是虚掩的。我们在宅廊前驻足凝思，这真是一个极好的意象，蕴含着许多值得咀嚼回味的东西。一扇古邸虚掩的门，一扇新宅虚掩的门，它们随时对有心者敞开，进入与否都随意。它们觉着宅第里的时光终究是锁不住的，屋子里的生活也无须上锁。敞开，才是这个世界原本应该有的状态。

1 3
2 4

毛邦初旧宅修缮一新，成为展示岩头历史文化的场馆 _1
摄影 毛朝晖

毛邦初旧宅当年的会客厅 _2
张书山

旧宅内庭院及廊道 _3
张书山

名人旧宅得到充分再利用 _4
摄影 毛朝晖

推门进去，好多东西扑面而来。宅第前后两进，东西厢楼，四面回廊，前后两进都有天井，是一座典型的中西合璧式民国建筑。这座宅邸的主人，是一个与民国空军有着密切联系的人。他曾组建、主持“中央军校”航空班、“中央航空学校”；在中华民族面临着深重灾难的抗战时期，为响应“航空救国”的号召，毛邦初与他的胞弟毛瀛初，双双驾着战机冲入敌机群，击落敌机，克敌制胜；还是这个毛邦初，在 1942 年 7 月 18 日，带领机组人员从成都起飞，冒着生命危险，试航“驼峰航线”，此时的毛邦初已贵为战时空军总指挥部总指挥。毛氏兄弟的祖母去世后，民国时期国民党的所有要员都撰写赞语挽联称颂这位老人，因她培育了两个了不起的孙子。

03.2.3 岩头村的主要构筑物及设施

广济桥

村口的广济桥是岩头村的一个标志性建筑，它建于清同治年间，距今已有 100 多年的历史，由本村毛和泰父子营造，是典型的江南石拱桥。该桥的拱极具特色，被专家学者们称作“蛋形石拱桥”。这是指桥的拱形不是半圆形，而是椭圆形的，这个造型在国内也很少见。

1 2 3

广济桥 _1
向俊

村口的古桥、古树是中国大部分传统村落的重要标志 _2
张书山

广济桥的位置处于岩头的村口，在交通不发达的年代，这是入村的必经之路。如今，它成了仅供观赏和记忆的建筑物 _3
摄影 夏克梁

因此桥都是靠本村人募捐赞助、出工出力而建成，后人便叫它“广济桥”。建桥同时还在桥头两边栽种了两棵香樟树，至今仍枝繁叶茂。毛和泰父子独具匠心的造桥工艺，引起了周边地区人们的关注。他们后来又陆续在邻村樟树村建造了一座椭圆形石拱桥，在雪窦山千丈岩瀑布底下建造了仰止桥。据说，当年他们还应邀参加了南京中山陵工程的建造。

| 1 | 3 |
| 2 | |

两井并存的灵泉古井 _1
摄影 夏克梁

外井主要用于浣洗 _2
摄影 夏克梁

里井主要用于饮用 _3
向俊

灵泉古井

岩头村的灵泉古井自古被称为“大井潭”，井有两眼，里井饮用，外井浣洗。据村民毛老先生介绍，该井的历史已有三百多年了，井上铺有长条石，后又在条石上面建造了房子。

两口井的井水从不干涸，滋养了一代又一代的岩头人。大井潭上方的墙体上有刻字石碑，记有岩头民事、民风。蒋介石从小在岩头生活、读书，直至娶妻，一直喝这口井水，他曾说：大井潭，泉水甘甜爽口，开胃又明目，真是灵泉也！自此以后岩头村民就称其为“灵泉古井”。

03.3 石门村

03.3.1 石门村概况及传统民居建筑特点

一坛陈年的酒，是否称得上老到深迥，要由时间来丈量，这是酒的秘密。时间是历史的尺牍，也是历史的全部秘密。

溪口镇石门村始建于宋代，一进村子，迎面而来的就是岁月的醇厚之气。村口祠堂对联曰：『宋室开基八百年，江山衍脉三千里。』既点明了建村时间，又昭示石门毛姓源自浙西江山。

石门村
摄影 刘照国

2020.8.13

石门古村最为著名的是『六院一府』，为浙东悬山式特色民居建筑群。这些建筑已有三百多年历史，以四合院形式为主。中间道路都用山里卵石铺就，每个院子都有堂屋，门窗上雕有三国英雄人物。其中『大府第』这户人家是过去石门村最富有的，曾有传说称只要你来石门走亲访友，如果没人招待你，即可去『大府第』吃饭，以至于后人说：有亲戚走亲戚，没亲戚去『大府第』。

1 2 3

石门村的传统建筑院落 _1
张键

用铁皮、木板等材料搭建的简易房 _2
夏克梁

石门村的建筑形态多样，乍一看以为是西南的吊脚楼，实际却是石门村的一幢简易建筑 _3
向俊

石门村坐落在奉化中部大雷山南麓，有 1000 多年历史。那里的竹海、村落、小巷、古桥、民居以及质朴自然的石板路面和朴实的民风，无不显示着山区传统文化的风貌。整个村子掩映在竹林怀抱之中，缕缕炊烟飘荡在农家上空，好一派世外桃源景象。

03.3.2
石门村的来历

1 2

古朴的石门民居 _1
摄影 毛朝晖

掩映在山林环抱之中的石门村 _2
张键

石门村是宁波市奉化区溪口镇的一个行政村，现有在册居民 3332 人。在千年历史长河中，石门村也历经沧桑变化。据毛氏宗谱记载，石门村的由来可以追溯到周文王之子姬郑（毛叔郑），他亦称毛伯、毛叔。传至 22 世浩文、浩武二兄弟，浩武生臬公，又生毛仁镕、毛仁锵二公，毛仁锵又生三个儿子，其第三个儿子名叫毛旭（季初）。在后唐时期（923—936）毛仁锵中了进士，赶赴明州（今宁波）上任做太守。毛旭随父上任到宁波，遍游天台山和四明山及剡源风光，一路吟诗作画。在游览大雷山时他看到此地群山青秀、翠竹丛生、土地肥沃，宜种植开垦、繁衍后人，于是决定在那里定居下来。据史料考证，毛旭约出生于 920—940 年之间，到成年后再迁居到奉化石门村应该在 960—980 年之间（即宋朝的太祖或太宗年间），距石门毛氏宗谱第一次编修时间 1771 年（清乾隆三十六年）约有八百年时间，与宗祠石柱上的对联“宋室开基八百年，江山衍脉三千里”相吻合。

那么村名为什么叫『石门』呢？这是因为毛旭祖籍为今江山市石门镇清漾村，那里全为毛姓人氏，为了不忘祖根，于是取名叫『石门』。现在石门人地方话都叫『食门』，这是祖辈从江山老家传过来的方言。

1 2

石门如今仍旧生活着三千多名居民 _1
许一贤

石门与岩头一样，主要也是毛氏聚居所在地 _2
许一贤

千年古村石门有着浓郁深厚的历史文化，我们今天知道的石门村史都是靠祖传的族谱去了解。石门毛氏宗族族谱，先祖规定 30 年为一届，自 1937 年冬（即民国 26 年）最后一次修谱，已有 70 多年未修谱。经过“文化大革命”的浩劫，总谱、分支家谱等相继被毁，遗存很少，已无从考证。石门仅有的一套家谱是木匠毛宝财生前抢救出来的，他去世前委托其女毛雅娣继续精心保管。后来因担心个人保管不够安全，于 2003 年捐献到奉化档案馆由政府来保管，今天我们所看到的 14 册石门家谱保存完好，离不开毛宝财和他的后代的精心保管。

03.3.3
石门村的家谱

1 2 3

千年石门有着深厚的历史文化 _1
夏克梁

毛氏族谱 _2
向俊

祖辈留下的传统建筑，也是石门人的宝贵财富 _3
张书山

2020.8.江涛于奉化

古村石门地处奉化西南天台山脉的大雷山下，村口是一条水泥公路（以前是一条卵石小道，一米左右宽，这条公路是在二十世纪五十年代“大跃进”时期因“大毛筒”的出名而开始修造的，当时为沙石路面，2005 年进行“新农村建设”时，做好了水泥路硬化；另有三条古道即三条岭（周家岭、高湖岭和银坑岭）通向周围不同地方。石门人有句顺口溜：走进石门三条岭，长短随依宁（认）。北边是周家岭，越过岭通向马龙坑、戴家、袁家岙、棠岙、汪家村，直通肖镇街道；东边一条高湖岭，越过张家坑、方夹岙、尚田，直通奉化，车路不通时此岭是石门人到奉化步行的捷径；还有一条是银坑岭，前两条岭因造盘山公路局部都已被破坏，只有银坑岭古道保存完好，翻过岭即到长龙头、徐马站，直通万竹及大堰方向。古时因交通不发达，聪明智慧的石门人利用勤劳的双手，通过几代人的奋斗为我们后人铺路造桥，打通交通要道，使石门村对外交通四通八达，为古村经济发展和对外交往提供方便。三条岭条石铺就，好多地方还要劈山、架桥，可想工程之浩大。

03.3.4 石门村的地理交通

1 2 3

很多古村的交通相对闭塞，才使传统民居得以完整保存下来 _1
江涛

一条水泥路直通村子的尽头 _2
摄影 杨博

石门民居传统灶间 _3
夏克梁

石门自14世祖起分东岸、西岸二房，有东边、楼下、长门、下宅、上新屋、大丘边、田畈门、五角丘、五斗门、登科闾门；另有『六院一府』，即上依家院、下依家院、上高院、下高院、上东院、下东院，还有大夫第。这些院子都有堂前和敞堂，以供门内人家操办红白喜事。

大夫第的由来：14世祖于明朝弘治孝宗六年(1493)荣中癸丑科状元，封翰林学士，正德武宁12年(1517)升户部侍郎，直至礼部尚书，因此赐『大夫第』匾额。

03.3.5

石门村的主要建筑

1 3
2 4

石门的一些大户人家门头建造讲究 _2
摄影 夏克梁

石门至今还保留了很多完整的传统建筑 _1
江涛

由讲究的门头、高高的围墙便可判断，这不是一户普通的民居 _3
摄影 毛朝晖

民居内廊 _4
张书山

“登科闾门”太公是清朝道光十年（1830）举人；依家院大门上的“文元”匾额系乾隆丁卯年（1747）乡进士顺天公所立。

五洞桥上有南溪古庙，在“文革”中被毁，现已修复，庙对面是梯云庵。石门扇厂原为下祠堂，又叫“世义堂”，上新堂叫“佑启堂”，楼下叫“毓秀堂”，都有造型精致的雕龙画凤，以及八仙图、水浒传人物造型等。戏台中心有铜镜，飞檐翘角。庙、祠堂的柱子，横梁上都有清代名人书画挂匾，还有书法家毛玉佩的柱联，以及先祖的文元、解元、乡贡匾额。

2020.08.14.

石门传统民居建筑
张书山

03.3.6
石门村的桥

凡到过石门村的人都知道这里是全国有名的『大毛筒生产基地』和『竹海飞人』的故乡，殊不知石门村还有许多古老的、形态各异的石桥藏在其中，让人『不识庐山真面目』。石门村，顾名思义，乃村多石也。因此先人就地取材，采用溪中岩石造路铺桥，走进石门村好似走进一座『浙东石桥博物馆』。村里的桥不但数量众多，而且形状和制造工艺精美绝伦，让人叹为观止。

1 3
2 4

村中的石拱桥 _1
傅瑜芳

石门因多石，村里的建筑和桥
多取材于溪中的岩石 _2
张书山

沿着溪边的石板路一直往前，
沿途会看到多座不同形态的石桥 _3
江涛

村中除了石桥还有汀步 _4
摄影 夏克梁

车止村口三里处，首先映入眼帘的是迎宾狮凤桥。溪的左边为狮子山，溪的右边为凤凰山。传说由狮、凤把关的村口风水极佳，桥名即以这二座山为名号称“狮凤桥”。该桥为村民进村第一桥，为单孔石拱桥，横跨石门溪两岸，桥面朴实无华，全用溪坑细小卵石铺就。整桥跨度近 20 米，宽度大约 6 米，桥的拱背只用少许人工打造石块砌成。据说此桥为石门村始祖毛旭带领村民历时一百多天建成，虽历经 800 余年，却无半点损伤，可见当时石匠工艺之精巧。

第二座桥名为『泥桥』。此桥虽取名叫『泥桥』，实则为乱石砌成的单孔石拱桥，跨度为１０余米，宽度大约４米。桥面单薄，只铺一层乱石块，经考也有６００余年历史。现整个桥身被野藤缠得满满的，远远望去好似一座藤桥，景色十分壮观。游人站在桥上能欣赏到桥下游鱼、碎石。曾有诗曰：『几叠青山一曲流，绿杨荫里更清幽。泥桥小立风光好，停看鱼儿逐队流。』

第三座桥为石门村口的梯云桥，又叫“五洞桥”或“五联桥”。根据考证，此桥为清代中晚期建筑，历时一百多年分五次修造而成。到如今，历经风雨沧桑和车马行人过往，依旧纹丝不动。桥面已浇上水泥，人走在上面丝毫感觉不到古桥的奇特，然而走到桥拱下，能看到无数的鹅卵石有序地排列，五座桥亲密无间地相连。其朴实的风格、原始的用料、精致的构造让人拍手叫绝。梯云五连桥高为 6.7 米，长 16 米，宽为 2.2 米，桥面已形成 300 多平方米的一个小广场，号称“中国最宽的石桥广场”。石门村先人曾经在桥上修有桥棚，在桥上作“眺林壑之胜”，但是看了这座朴实无华却精美绝伦的鹅卵石古桥，石门先人的智慧与勤劳已远远胜过林壑之美。

1 2 3

用水泥板铺成的小桥 _1
摄影 夏克梁

多桥并存 _2
毛夏莹

五连桥的桥洞很具历史感 _3
向俊

透过桥洞，可以清晰地看到远处用水泥浇灌而成的公路桥
摄影 夏克梁

领略了朴实无华的五洞桥，我们走到村中，又看到了仙人桥和履厚桥。仙人桥和履厚桥都有美丽动人的故事，传说“八仙”中的其中一位神仙——吕洞宾到石门村大雷山云游，见村子石门溪两岸道路不通，用手杖一划，造出了仙人桥，用鞋子一放，造成了履厚桥。传说归传说，但这两座石拱桥全部由人工打磨的精美石块组成，桥面雕有精致的二方连续图案和四方连续花草图案，桥栏杆雕有莲花和狮子图案，其工艺之精巧同样令人赞叹。

1 | 2

石门村中有多座石拱桥 _1
张键

履厚桥 _2
摄影 夏克梁

村的尽头处又有许多不同的石拱桥，将近十座，它们或以稍作打造的石块铺就，或以乱石直接拼成。有的跨度达二十米，有的跨度只两三米；大的气势宏伟，小的精巧玲珑，也有的原始古朴；更为绝妙的是村中半山岙里的石桥，都是用一整块长条石直接搁在溪坑两边岩石上铺就而成，这样原始简易的石桥一数也有七八座之多。石门村的大大小小、不同结构的石桥静卧在山乡里，与石门古居互相依存，融合成一卷山乡古村的画图。石桥历经漫长岁月和无数风雨山洪的考验依然完好，也为一代代的石门人走向外面的世界，开创事业立下了不朽功劳。虽然石桥默默无闻，又那么平淡，但它们同聪明的先人一样是那样的令人感慨和自豪，又是那样的美丽动人……

1 2

桥头的老房子 _1
夏克梁

桥柱上的莲花 _2
梁坤

千年古村石门，是奉化大毛竹示范基地、浙江省毛竹重点产区之一，也是全国著名的大毛竹产地，还是 1958 年全国毛竹生产先进红旗单位。全村共有毛竹山 6000 余亩，其中大毛竹山 2000 余亩。

千百年来石门人在培育毛竹方面积累了丰富的经验，主要有八条 一、伏天（夏）“削山”，俗称“七月削金，八月削银”；二、竹山造牛舍养牛，上山蓄肥壅山；三、砍竹脑，防雪压、大风吹倒；四、把好谷雨关，笋头齐，留笋养竹掘次笋；五、合理砍伐，留好竹，砍坏竹；六、劈去竹根松土；七、拾去大小石块堆石叠 ；八、山湾砌好阴沟排水，防水冲毁竹山。1958 年石门人把这八条宝贵经验在全国林业现场会上介绍推广。

03.3.7
石门村大毛竹

1 | 2

毛竹加工厂车间 _1
毛夏莹

石门大毛竹 _2
摄影 夏克梁

2020. 石门村. Ocafu.

石门毛竹加工厂
许一贤

千年古村石门人才辈出，有状元、进士、举人、户部侍郎、礼部尚书等。因年代久远大多无从考证，但石门后辈更是青出于蓝。下面选择部分当代石门人介绍。

全国人大代表：毛昭晰，历史学家，曾任浙江省人大常委会副主任；毛宾尧，骨科专家，宁波一院副院长。

全国政协委员：毛翼虎，曾任国民政府立法委员，宁波市政协副主席；毛大尚，原石门信用社主任，全国劳动模范；江正如，原石门公社书记，浙江省林业农技师。

03.3.8
石门村的名人

2
1

看似普通的房子，也有可能从这里曾走出一位名人或学者 _1
向俊

村中保存完整的庭院 _2
摄影 夏克梁

著名学者：毛路真，曾任浙江大学数学系主任；毛寿龙，中国人民大学行政管理学院院长、博士生导师；毛国祥，江南大学（原无锡轻工大学）建筑系桥梁专家。

从政人员：毛国华，国务院咨询委员，曾在公安部、外交部、国家安全部从事情报工作；毛佳梁，曾任上海黄浦区区长、上海市规划局局长；毛振尧，曾任浙江省水产厅厅长。

两位全国一级战斗英雄：毛杏表，全国战斗英雄，在抗美援朝中牺牲，他参加过开国大典，还在全国英模大会上受到毛主席接见；毛张苗，抗美援朝英雄，为纪念解放一江山岛，把他儿子取名叫毛一江。

烈士：毛文国烈士，原石门村村主任，在“莫拉克”抗台中，为了保护人民的生命财产献出了自己宝贵的生命。

1 2

富裕的家庭为人才培养提供了更好的条件 _1
杨博

普通的民宅中也能培养出优秀的人才 _2
张键

石门自宋代至今数不清有多少文人墨客来此作画吟诗。其中十景特别有名。

泥桥观鱼

一景是“泥桥观鱼”。村口有座用乱石砌成的石拱桥，桥身被野藤缠得满满的，人站在桥上能欣赏到桥下游鱼、碎石。有诗曰：“几叠青山一曲流，绿杨荫里更清幽。泥桥小立风光好，停看鱼儿逐队流。”

盘松话古

二景是“盘松话古”。盘松长得像一条龙，弯曲向上，枝干苍劲有力，胸径有三人合抱大小，可惜在抗美援朝年代被砍伐。有诗曰：“驹光流水去无踪，乔木撑天荫正浓。话到鹏程方远大，此松不负地灵钟。”

1 2

03.3.9
石门十景

石门每年吸引大量的艺术家前来写生，老房子便成了他们眼中最好的 景色 _1
夏克梁

石门的山、石门的溪、石门的房，石门处处是美景 _2
许一贤

1 2
3

这么大体量且毫无遮挡的公厕，对现代人来讲绝对是无处可寻的“美景”_1
摄影 夏克梁

美景，或许是一座山、一条溪和一株树，也或许是一条小路和一间破房 _2
摄影 夏克梁

每人对景的定义不一样，残破的墙体也是画家眼中的美景 _3
许一贤

羊岩闲眺 三景是“羊岩闲眺”。村子尽头处有座陡峭的小山，山顶上突出一块巨石，像探头向外远眺的山羊脑袋。有诗曰：“羊岩突兀小桥纸，风打杨花眼欲迷。忙煞农家春事急，鹧鸪声里正犁畦。”

螺塔夕照 四景是“螺塔夕照”。石门汽车站对面的小山坡上有块平地，螺丝塔静静地屹立在那里，任那风吹雨打。有诗曰：“山林寂寂本无哗，塔影重重看日斜。最是牧童行乐处，吹笛牛背数归鸦。”

龙潭瀑哨 五景是“龙潭瀑哨”。村口老车站石溪的源头处有深潭，传说有条长龙经常在此洗澡歇脚，潭水清澈，终年长流不息。有诗曰：“山光倒影落寒潭，暮锁苍烟晓挂岚。催动诗人诗兴满，瀑声飞渡到村南。”

茭杯晚钟 六景是“茭杯晚钟”。茭杯山是村口斜对面的山，山上有寺，寺旁一棵古樟，树上挂着一口大铜钟，山风吹来，钟声悠悠飘荡在田野四周。有诗曰：“秋到空山月影浓，青灯佛殿碧云封。老僧入定黄昏近，信手随敲几杵钟。”

海田弄月 七景是“海田弄月”。海田头是靠近村子南面的一块山地，人在那里欣赏中秋圆月，思绪会随那清风明月一起遨游太空。有诗曰：“毕竟中秋八月天，清风凉露正幽然。一年最是今宵景，惯约同人到海田。”

2020.8. Gaofu 奉化.

雷峰插云 八景是“雷峰插云”。“雷峰”即村东的大雷山山峰，此山峰海拔有 809 米，为奉化中部最高峰，隶属天台山脉。每年秋天时节，漫山野果让你垂涎欲滴。同时又是观日出、望东海的好地方。有诗曰：“大名独霸大雷峰，未隔篷山一万重。最是悠然神往处，白云片片记行踪。”

银岭映雪 九景是“银岭映雪”。石门村有三条岭，即周家岭、高湖岭、银坑岭，其中最著名的是银坑岭。银坑岭地势险要，山路陡峭十八弯，共有 1300 多级石台阶，一般胆小的人不敢夜里独行此道。有诗曰：“峰峦叠叠路弯弯，几度梅花几度攀。漫道风光浑似梦，一朝飞雪满溪山。”

南麓竹韵 十景是“南麓竹韵”。石门村是全国闻名的大毛筒乡，周围六个自然村全部掩映在竹海深处。有诗曰：“花近高楼月记痕，修篁深处隐孤村。无端忽报佳音到，为有熏风夜打门。”

石板路、石头墙、石台阶是很多人心目中最美的景色 _1
摄影 夏克梁

是否曾想过，民居中随意堆放的杂物却是画家眼中的“美景” _2
向俊

石门的历史悠久，至今还保留了很多完整的民居建筑，这样的建筑非常值得大家前往观看 _2
张书山

“竹海飞人”是石门村一绝。2006 年 5 月，毛裕登、毛绍信、毛水信 3 位老农在竹林现场进行“飞人”表演。只见 3 位老农双手抱竹，两脚一蹬，三下两下就跃上竹尖，又借竹竿的弹性从这棵攀到另一棵，身轻如燕，功夫了得。宁波电视台《来发讲啥西》栏目和奉化电视台《聊天八只脚》栏目先后来石门拍摄，播放《竹海飞人》节目，引起很大反响。后又有浙江卫视、湖南卫视、上海东方卫视、中央电视台，以及日本《朝日新闻》等媒体采访报道，“竹海飞人”名扬四海。中央电视台 10 套《走进科学》栏目组更是来电联系，建议石门人去申报吉尼斯世界纪录。

03.3.10
石门村的非物质文化遗产

石门『竹海飞人』已经被浙江省宁波市文化局列为宁波市非物质文化遗产项目，入选的还有古建筑『五洞桥』。

1
2
3

石门产竹，村里还留守了很多制作竹产品的传统手艺人 _1
摄影 夏克梁

石门的山水养育了一代代石门人，也培育了身怀绝技的“竹海飞人”_2
向俊

石门非物质文化遗产，有些是计入名录的，也有些是民间普通的项目 _3
唐靖

每一季的『边走边画』活动结束后，
都会留给我们更多的思考：
如何能让活动有一个延续？
如何使活动对古村落的保护起到实质性的
作用？
我们还能为村里做些什么……

“边走边画”后的思考

04

1 2

如何更好地保护古村落，一直是值得我们深思的一个问题 _1
摄影 夏克梁

奉化蔬果 _2
向俊

04.1 拓宽绘画疆界，增加旅游亮点，培养有生力量，保障活动延续

今后，可在开展写生活动的同时与相关部门或个人协商，在不破坏古村落原有风貌的前提下，结合当地实际情况，以天地为画室，以万物为画纸，在村里废弃的建筑、倒塌的墙头、破旧的门板或其他适宜的位置，直接绘制手绘作品，变“废”为“宝”；或通过绘画对一些“不和谐”的现代化工业产品外观进行“改造”（借鉴涂鸦艺术），实现与周边自然环境、建筑环境的和谐统一。以手绘的方式增加亮点，使之成为一道独特的风景，为乡村的旅游发展助力。

在第六季『边走边画』写生活动期间，我们已开始迈出了第一步。

另外，借鉴浙西“余东画村”的一些相关经验，通过前期一系列的宣传、协商、组织工作，尝试在写生活动期间对当地绘画爱好者进行有针对性的专业培训，并创立“微信群”等线上长期交流渠道，使之在写生团队离开后独立进行艺术创作活动，把内心的感受和对生活的热爱通过艺术的语言表达出来。边走、边画、边播下绘画艺术的种子，实现活动的延续，推动艺术的普及。

1 2 3

废弃、垮塌的民居，如果不及时进行维修和保护，已没有太多可保留的价值 _1
摄影 夏克梁

直接在废墟或建筑骨架上作画，是一种不同的体验 _2
摄影 王晨

试想，如果在大片倒塌的建筑或废墟中作画将会呈现出怎样的一种效果 _3
绘图 / 摄影 夏克梁

04.2 创建写生基地，组织研学活动，带动当地经济

1 2 3

在古村落设立写生基地，增加流量，带动经济 _1
摄影 夏克梁

可以利用假期，组织学生前往古村落，开展调查、研究和学习等研学活动 _2
周锦绣

古村落一直是画家最爱的表现题材 _3
向俊

近年来各地民宿层出不穷，如雨后春笋，形式也多种多样，出现了各种主题民宿，奉化当地也有不少。我们可与当地的民宿合作，建立“边走边画”写生、创作基地，并结合当地人文、自然景观以及农、林、渔、牧等生产活动，组织与工艺体验、民俗体验等相关的特色写生、研学活动。“边走边画”利用自身的资源和吸引力，让更多艺术家和喜欢手绘的作者走进古村，让他们在写生、创作之余，可以“跨界”体验和感受到当地的历史文化、风土人情、传统工艺等，更可以与当地居民接触、互动，实现深度体验，打造地方特色，进而提高地域知名度，带动经济发展。

1 2 3

在竹子上作画的场景 _1
摄影 万泳麟

竹编篮子既实用又可作为特色产品 _2
向俊

靠山吃山，扫把等竹制产品是奉化偏远山区村民的主要经济来源 _3
夏克梁

04.3 开发独特的文化产品

竹子，是一种速生植物，品种繁多，约有 1200 多种，主要分布在热带及亚热带地区。竹全身可用，竹芽、竹笋是餐桌上的美味佳肴，而竹竿高直坚硬，更是人们加工取材的好料。

奉化的竹子俗称毛竹，学名叫楠竹。奉化优良的气候、微酸的土壤，特别适合毛竹生长。石门、岩头、界岭一带更是毛竹集中产区，毛竹长势粗大，修直挺拔。其中，石门人更以出产“毛筒”（大毛竹）而自豪。据史料记载，在唐朝晚期，石门毛氏先祖就号令子嗣大力种植毛竹，代代相传至今。

奉化竹子有着清高又纯朴的气质，清丽又脱俗的风韵，清幽又雅致的意境，清新又自在的悠闲。当地人们常用竹竿加工成各种器具，最著名的是“不求人”痒痒挠，常见的还有如竹篮、竹椅之类，更有别出心裁、似牙非牙、温润如玉的“翻簧”。目前，奉化的竹产业已具有相当规模。今年我们一行人在奉化写生期间，就曾亲眼见到各村都有不同的与竹子相关的产业，如竹制器皿厂、竹制“痒痒挠”厂等等。也见到了许多砍完竹子后留在土里的竹篼和废弃的竹筒。对于这些竹制品的“下脚料”，我们可以结合绘画对其进行艺术加工和修饰，使其成为独具特色的竹制文化产品。

| 1 | 2 |

痒痒挠是奉化石门等村的特色产品，几张小图记录了制作痒痒挠的整个过程，这里的痒痒挠销往全国各地 _1
梁坤

精美别致的柴刀篓，可以成为民宿、主题餐厅的极好装饰物 _2
摄影 夏克梁

一只痒痒挠的诞生

另外，一些年久失修的民房周边堆积着大量废弃的瓦片，既对环境造成了破坏，又阻碍了村内交通。这些废弃的，甚至残缺的旧瓦片，在历经风雨之后，灰色的表面、古拙的形态下暗藏着岁月留下的沧桑之美。如果再经过艺术家的精心构思、巧妙绘制、合理包装，可能会成为一件独特的文化产品。这些文化产品可作为摆件装饰、美化空间，更可作为文化礼品馈赠到访的贵客和朋友。

1 | 2

适当地加工和修饰，再加上合理、恰当的包装，
废弃的瓦片便成了独具特色的文化产品 _1
绘图 夏克梁

古村落中，到处可见堆砌的废弃瓦片，
是否想过将其好好再利用 _2
摄影 夏克梁

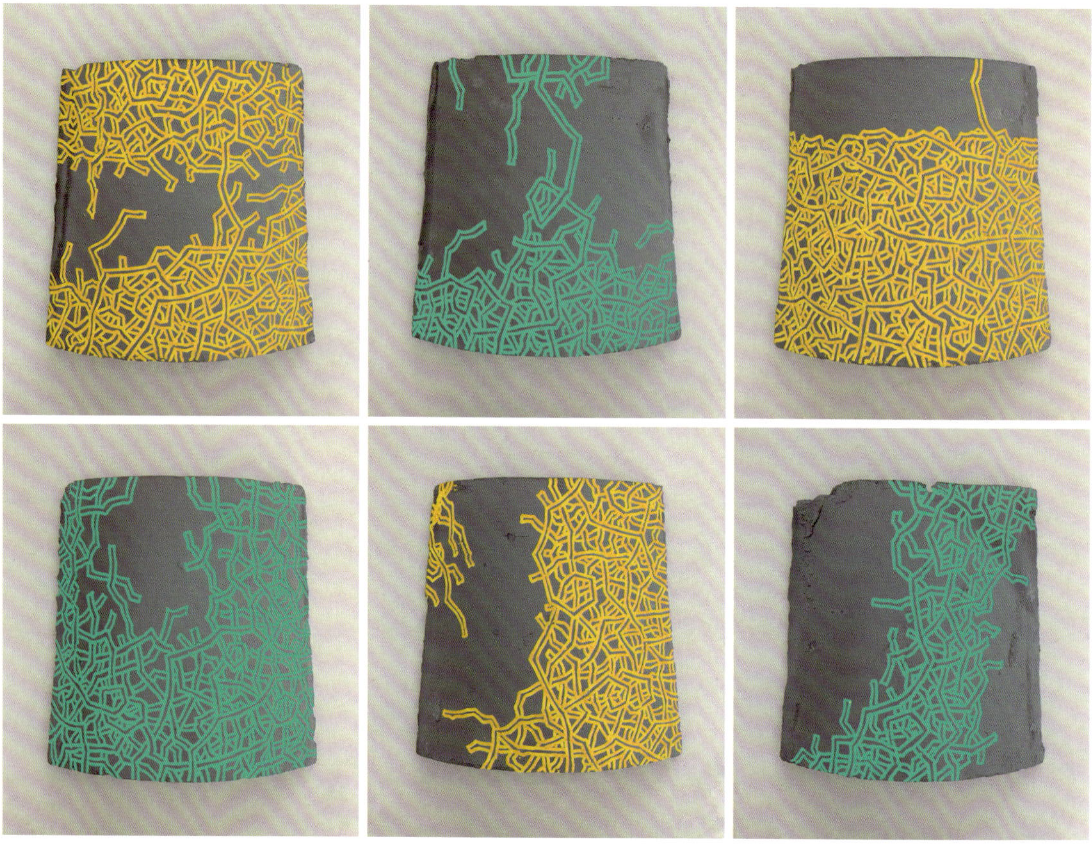

04.4 写生作品的开发与利用

历届“边走边画”的师生们都会创作大量的写生作品，将这些作品合理地开发和利用，有利于保护和宣传古村落。可结合当地文化，利用当地材料，融合写生作品，制作台历、明信片、记事本、装饰画、丝巾、雨伞、水杯、T 恤、手提袋等蕴含地方文化特色的衍生文创产品。亦可在写生活动之后举办画展、“古村落手绘大赛”或“文创产品设计大赛”，反映当地农村的民风、民俗、人文、景观、建筑等，进而对古村落的保护和宣传起到促进作用。

1 2 | 4 5
3

《奉化古村》台历 _1
夏克梁

《奉化古村》明信片 _2
夏克梁

抱枕 _3
夏克梁

“边走边画”写生活动期间，可以同时举办“古村落手绘大赛”，活动结束后举办展览 _4
摄影 夏克梁

“边走边画”写生活动结束后，可以举办“行画古村落”写生作品展 _5
摄影 夏克梁

本书参与作者

文字作者：

毛朝晖、赵晨旭、夏克梁、李曌凡等。

绘画作者：

夏克梁、向俊、张书山、唐靖、袁华斌、李英杰、傅瑜芳、
许一贤、戴黎丽、杨丽梅、梁坤、江涛、陈永斌、王兴华、刘照国、
赵晨旭、毛夏莹、杨若昕、王锟、胡其梅、张键、吴冬、
王玮璐、郭焱、杨博、李曌凡、张孟云、褚定华、周锦绣、于乐敏等。

摄影作者：

夏克梁、毛朝晖、杨建华、鲍尧君、刘照国、杨博等。